AF341185

LE BIENHEUREUX

JEAN GERSON

LE BIENHEUREUX
JEAN GERSON

CHANCELIER DE PARIS

DOCTEUR TRÈS-CHRÉTIEN ET CONSOLATEUR

SA VIE ET SON CULTE ; SON INFLUENCE POUR LE CULTE DE MARIE,
CELUI DE SAINT JOSEPH, ET POUR L'ÉDUCATION DE L'ENFANCE ; VOEUX
POUR SA GLORIFICATION ; UNE ÉGLISE A ÉDIFIER A SON PAYS NATAL.

PAR

M. JEAN DARCHE

BIBLIOPHILE

« Je couvrirai ses ennemis de confusion,
» je ferai refleurir sur sa tête le diadème
» de la sainteté. » *Ps.* CXXX, *selon l'héb.*

LIBRAIRIE CATHOLIQUE DE PERISSE FRÈRES
(NOUVELLE MAISON A PARIS)
BOURGUET-CALAS ET Cⁱᵉ, SUCCESSEURS
Paris, 38, rue Saint-Sulpice, 38, Paris

—

PROPRIÉTÉ

DÉDICACE

Au bienheureux Gerson
Dont le nom est Saint,
Grand et humble, savant et modeste,
Doux et fort, pieux, honnête, éclairé ;
Phare au milieu d'une mer troublée par plus d'une
tempête ;
Qui, malgré vos contradicteurs, nous apparaissez
avec un reflet divin ;
Qui avez montré un droit chemin, et dit la vérité
aux hommes ;
Prêtre pieux, grand consolateur,
Que les générations saluent comme l'auteur du livre
*de l'*Imitation ;
Qui avez jeté un éclat merveilleux dans un
siècle de discorde et de dissolution, comme
l'astre précurseur de nos jours ;
qui avez versé les fraîches eaux de la charité sur les
cuisantes douleurs de la famille... [1]

Hommage d'amour, de vénération et de reconnaissance :

JEAN DARCHE.

[1] (Ern. Fouinet : *Gerson, ou le manusc. aux enlumin.*)

DÉCLARATION DE L'AUTEUR

En vertu de l'autorité de l'Ordinaire de Lyon, qui a élevé en l'honneur du Chancelier Gerson, sur son tombeau dans le cloître qui reliait l'église de Saint-Paul à celle de Saint-Laurent, un autel surmonté de l'image du bienheureux Docteur ; en vertu du même Ordinaire qui lui a donné le titre de *Saint*, en 1504, et lui a constitué un culte public et religieux, invoquant à cet effet l'exception faite par les décrets du Souverain Pontife Urbain VIII, en 1625, 1628, 1634, pour le *culte* dit *immémorial*, je maintiens au Serviteur de Dieu Jean Gerson, chancelier de Paris, le même titre de *Saint*, sans avoir la prétention de déroger au respect et à l'obéissance que je dois au Souverain Pontife, à qui je me soumets, pour cet écrit et pour les autres.

AU LECTEUR

Ces quelques pages sont l'écho de l'opinion catholique à l'égard du Vénérable Chancelier de Paris. Elles ont été écrites sans système préconçu, nous faisant gloire, au contraire, de suivre la tradition antique de nos Pères. Un hommage éclatant, réparation qui n'est que justice, doit enfin être décerné à l'homme, au penseur, au philosophe chrétien, au Saint, dont le nom immortel et les œuvres durables ont non seulement fécondé l'Église, mais aussi en quelque sorte formé la France, en opérant une révolution salutaire dans l'enseignement populaire et l'éducation religieuse de l'enfance.

En vain quelques ennemis audacieux de l'éminent Docteur, qu'on aurait pu croire inspirés par le génie de l'enfer, ont, en ces derniers temps, essayé d'ébranler le piédestal qui porte tant de gloire et de majesté. Cette colonne de granit que les siècles avaient élevé à l'honorable et sainte mémoire du Chancelier a confondu leur impuissance, en résistant à leurs violentes attaques. Ils sont morts, ne laissant que des traces de leur faiblesse et de leur hypocrite lâcheté. Et ceux qui les suivront dans cette voie fatale, ne doivent non plus s'attendre qu'à la honte d'une défaite.

Après avoir vengé victorieusement la grande et belle figure de Celui que tous les âges ont su distinguer entre tous les Pères et les Docteurs de l'Église par les surnoms de *Pieux* et *Dévôt*, et même de *Docteur très-Chrétien, Évangélique et Consolateur*, nous venons l'offrir sous une forme plus conciliante au respect, à l'amour, à la reconnaissance et à la vénération de tous.

Si, à quelques-uns de nos Lecteurs, ces pages semblaient manquer des attraits du roman, qu'ils se souviennent que nous avons voulu, avant tout, leur offrir une œuvre de conscience, qui ne pouvait être assise que sur des autorités dont la moindre dépasse de beaucoup la plus prétentieuse des téméraires ennemis de notre bienheureux Gerson.

Puissent ces quelques pages attirer l'attention de l'Église et de la France sur le héros divin qui en fait l'objet, et qui a mérité que son siècle et les suivants le aluassent comme le Père de l'*Imitation de Jésus-Christ*.

PREMIÈRE PARTIE

VIE ET CULTE

DU BIENHEUREUX GERSON

PROLOGUE

Voici un saint Prêtre qui, fuyant toute dignité ecclésiastique, exerça néanmoins sur ses contemporains une influence plus étendue, plus profonde et plus durable qu'aucun prince, aucun souverain. Il fut l'âme, la vie morale, le plus grand représentant des quatorzième et quinzième siècles dont l'histoire intellectuelle peut se résumer dans la sienne. On n'exagère point en disant avec un historien Ecclésiastique, de l'époque où vécut le grand Bossuet, que depuis le temps de saint Bernard, l'Eglise catholique n'a point eu de Docteur de plus grande réputation, de plus profonde science, de plus solide piété que Gerson.

Sa réputation repose sur des mérites tellement incontestables, les services qu'il a rendus à l'Église et à l'Humanité sont si importants, si bien reconnus et avoués de tous, que depuis sa sainte mort jusqu'à nos jours, il a joui d'un culte et d'une vénération singulièrement mérités dans tous les cœurs chrétiens.

Nous ne retracerons ici que certains traits caractéristiques de cette grande Figure que, selon un savant moderne, (M. L'abbé Dalbane, *Mois de St-Joseph*) « la postérité met au rang des plus grands Docteurs de l'Église, avec Saint Augustin, saint Jérôme, saint Jean Damascène, saint Bernard, saint Bonaventure et saint Thomas d'Aquin. »

———

VIE

DU BIENHEUREUX GERSON

LIVRE PREMIER

DEPUIS LA NAISSANCE DU BIENHEUREUX JUSQU'A SON RETOUR DU DOYENNÉ DE BRUGES

Jean-Le-Charlier, dit de Gerson, naquit au hameau de ce nom, dépendant du village de Barby, près de Rhéthel, dans les Ardennes, au diocèse de Reims, le 14 décembre 1363. Son père Arnauld-Le-Charlier était d'une grande vertu et probité, et sa mère Elisabeth-La-Chardenière, était d'une éminente et forte piété. Depuis longtemps ils avaient vu leur union stérile et ils ne cessaient d'adresser des prières au ciel, afin qu'il plût au Seigneur de leur accorder la bénédiction des justes. Le héros de cette biographie en fut le premier fruit. Une de ces prophéties légendaires, qui résument si fidèlement la destinée des hommes célèbres par le génie et la sainteté, l'avait présenté à sa mère, dans une vision antérieure à sa naissance, comme un petit chien aboyant avec une incroyable ardeur contre les ennemis de l'Église, et pour la sûreté du troupeau de Jésus-Christ.

Le jour même de sa naissance, l'enfant fut baptisé. On lui imposa le prénom de Jean qui, dans la langue sainte, signifie *Grâce du Seigneur*. Ce nom béni il devait l'illustrer, comme saint Jean-Baptiste, par son attrait pour la retraite, la pénitence et l'oraison ; comme saint Jean l'Évangéliste par l'amour ardent, généreux, fidèle, qu'il témoigna toujours à Notre Seigneur, et la dévotion, aussi tendre qu'incomparable, qu'il eut toute sa vie pour la sainte Mère de Dieu.

Les premières années de Jean se passèrent au milieu de la vie champêtre à laquelle depuis il a fait de si belles allusions dans ses écrits pieux. Aîné de douze enfants, ses parents mirent tous leurs soins à lui procurer une éducation chrétienne. Il sut apprécier ce plus grand de tous les biens en ce monde, et il ne cessa de recommander avec force d'élever les enfants dans la piété et la crainte du Seigneur. Par un sentiment naturel de sa reconnaissance pour son père et sa mère, il nous a appris avec quel zèle ils s'employèrent à lui inspirer des sentiments d'admiration, de reconnaissance et d'amour pour le premier auteur de son existence.

Pour atteindre ce but ils avaient trouvé moyen à sa portée. Ils lui voulaient faire comprendre qu'il ne lui arriverait rien d'agréable ou d'amusant, qui ne lui descendit du ciel. C'est pourquoi, lorsqu'il désirait quelque fruit ou quelque jouet, il devait commencer par adresser, à genoux, une prière à Dieu, et, pendant ce temps, son père, ou sa mère faisait tomber à ses pieds d'une fenêtre ou d'un autre endroit l'objet désiré, lui disant : « Voyez, cher fils, comme il est bon de prier le

Seigneur, qui donne de telles choses à ceux qui s'a-
dressent à lui.»

C'est ainsi que les parents du jeune Le-Charlier sa-
vaient agir sur son âme simple, pure et candide, pour la
façonner à la piété et à la vertu. Quoique leurs soins
se portassent sur tous leurs enfants, Jean, leur ainé,
parut y avoir eu la meilleure part : « Mes bons parents
a-t-il écrit, disaient, que quand le premier des enfants
se comporte bien, les autres en sont communément
meilleurs. » Son excellente mère surtout lui inspira une
dévotion très prononcée à la Croix de Notre Seigneur,
dont elle lui faisait regarder fréquemment l'image en
relief, suspendue au mur du foyer ; également envers la
Sainte Vierge Marie et son virginal époux saint Joseph,
aux saints anges et plus spécialement à son Ange gardien. Elle lui faisait souvent répéter ces paroles :
« Mon bon Ange, gardez-moi bien.» Ou encore celles-ci :
« Ange qui êtes mon gardien, et aux soins de qui la
bonté divine m'a confié, défendez-moi et gouvernez
moi.» C'est ce que témoigne le saint Enfant de Barby,
lui-même, dans de beaux traités qu'il a écrits sur les
esprits célestes.

Avec non moins de reconnaissance il s'est plu à si-
gnaler aussi en plusieurs occasions la piété, les vertus
et les tendresses incomparables de son père et surtout
de sa mère, ange de bonté, de douceur et de chaste
amour, qu'il compare non point avec ostentation, mais
par un sentiment de justice et de piété à Monique, mère
de saint Augustin. Le tableau qu'il nous a laissé des
cette mère, éminemment chrétienne, nous la présente
comme un type de perfection, digne de l'étude, de la
vénération et de l'imitation de tous les siècles, et nous
fait dire que l'avenir d'un enfant dépend surtout de sa

mère ; qu'une première éducation ne se refait jamais, que manquée, elle est irréparable, et enfin que Dieu tout puissant qu'il est ne peut accorder à l'enfant un don plus grand que celui de parents et de maîtres chrétiens et religieux[1].

Avec de tels éléments d'éducation, Jean devint un enfant modèle pour tous ceux du village. Bientôt son jeune frère se montra piqué du ver de la jalousie ; chagrin, morose, fâché de voir que son aîné par ses excellentes qualités s'attirait les tendresses de ses parents, il se plaisait, dit-on, à le contrarier et même aussi ses bons parents ; mais Jean lui pardonnait de bon cœur et saisissait toutes les occasions de lui prouver son affection. C'est que, docile à la voix de la sagesse, qui lui parlait par l'organe de son père et de sa mère, il acquit déjà un caractère vraiment bon. Sa douceur et son humanité s'épanchaient jusque sur les animaux domestiques. Plus tard, devenu victime de son zèle pour la vérité et la justice, nous le verrons prendre la route de l'exil, accompagné d'un chien, dans lequel les historiens se sont plû à retrouver l'emblème du zèle qu'il mit à défendre les intérêts de Dieu et ceux de l'Eglise.

Préparé par les soins de sa vertueuse mère et par ceux du digne Pasteur de Barby à sa première communion, le pieux enfant s'acquitta de cet acte le plus solennel de la vie avec la ferveur des saints. Son âme pure, innocente et droite, était si bien unie à Notre-Seigneur par la grâce abondante qu'il entretenait en lui au moyen de la prière, qu'on peut croire que le Fils de Dieu lui

---

[1] Voy. notre ouvrage *Feminiana*, ou *éducat. infl. caract. et dev. des femmes,* approuvé par trois cardinaux et un très-grand nombre d'évêques.

communiqua dans cette communion toutes les richesses de son amour infini. Dès ce jour fortuné, qui remplit d'une joie indescriptible la famille de Le-Charlier, Jean fit de très-grands progrès dans la vie chrétienne et intérieure. Le sacrement de Confirmation qu'il reçut bientôt, le remplit des dons et des fruits du Saint-Esprit. Sa conduite si édifiante, si sainte, si exemplaire, faisait dire de lui comme du fils de Zacharie : *Que pensez-vous que sera un jour cet enfant?*

Après avoir fréquenté l'école de Réthel, ses parents le placèrent au collége de Reims, où il se fit admirer de ses maîtres, comme de ses condisciples. Il entretenait sa piété par de fréquentes communions et de longues oraisons devant le très-Saint Sacrement. La pureté de son âme, sa simplicité, l'ardeur de son amour, lui attirèrent de la part de son doux Seigneur et Maître, ces ravissants témoignages de prédilection qu'il peint dans de belles pages de ses onctueux écrits. Plein de charité pour les pauvres et les malheureux, non seulement il les consolait par d'affectueuses paroles, mais encore les soulageait de tout son pouvoir et de ses économies prises sur le strict nécessaire ; souvent même il s'imposait pour eux de grandes privations. Telle était sa piété, sa régularité, sa fidélité, que ses maîtres le proposaient pour modèle à ses condisciples.

Ce serait vers ce temps que la Sagesse ou la vertu, pour récompenser sa ferveur, serait apparue à lui sous la forme d'une belle Dame. Malgré son humilité, qui lui faisait cacher avec le plus grand soin les merveilles de la grâce divine dans son âme, Jean fit confidence de cette faveur céleste à ses sœurs. Nous ne citons que le préambule : Sœurs, je vous dirai comment aucune fois vertu s'est représentée devant les yeux de ma pen-

sée, tant belle, tant claire, tant sérieuse, tant salacieuse
et délicieuse, que rien plus, et après grande admiration,
je m'osai enhardir à lui demander : « Dame, qui êtes-
vous ? Que cherchez-vous en ce lieu de ténèbres, en cette
vallée de pleurs — Je suis, dit-elle, fille de Dieu, reine,
épouse, garde et amie de tous les bons ; je suis celle qui
par ma présence, déchasse tout mal et amène tous biens.
Je quiers moi héberger avec les fils des hommes, l'âme
d'élite... » Dès ce moment, Jean se vit intimement lié
avec la Sagesse et la Vertu dont il fit les gracieuses compagnes de sa vie.

Il avait atteint sa quatorzième année ; durant ce temps
il s'était toujours montré pieux, docile, studieux. Sur
l'avis du directeur de son âme, ses parents l'envoyèrent
à Paris, car ses succès à Reims lui avaient mérité une
bourse au collége royal de Navarre, chef lieu de l'Université, si célèbre alors qu'elle comptait dans son sein
jusqu'à quarante mille écoliers de tous les pays. Avant
la séparation, il voulut être béni par ses parents si aimés,
de qui il n'avait reçu que de saints exemples et de salutaires conseils, et au cœur desquels il n'avait jamais fait
affluer que l'allégresse, par sa docilité, son respect, la
régularité de sa conduite. Muni de cette bénédiction qui
est pour lui celle du ciel, Jean se relève, et dominant
le déchirement intérieur, il ne laisse briller sur son front
que la sérénité, afin d'adoucir l'extrême douleur de son
père et de sa mère, tant ils craignent pour lui les dangers qui menaceront son âme dans la Capitale. Enfin,
Jean dit le dernier adieu ; ses joues virginales colées
tour à tour sur celles de son père, de sa mère, de ses
jeunes frères et sœurs, sont arrosées de leurs larmes. Il
demande leurs prières par des mots entrecoupés de sanglots, les assurant que de loin comme de près ils

séront toujours dans sa pensée devant le Seigneur.

Comme la réputation de sa vertu l'avait précédé dans sa route, son entrée à Navarre fut une véritable ovation. D'Ailly, entre autres, natif de Compiégne, était professeur dans cette maison, après qu'il eut échangé avec le jeune homme quelques paroles, ce grand génie plongeant un regard d'aigle dans son intérieur, découvrit chez lui une nature d'élite, un caractère d'ange et le germe du génie. Il lui promit son affectueuse protection. Bientôt, ce généreux maître se vit payé de retour par son protégé qui, quelque temps après, prit sa défense dans une émeute d'écoliers dirigée contre sa personne, et dont Jean fut lui-même la victime. C'est à cette occasion, et pour qu'on le distinguât d'un autre, Jean Carlier, dont le nom latin Charlerius se prononçait comme le sien, et qui avait suscité l'émeute, que notre champenois prit le nom de *Gerson*, celui de son hameau natal. On le trouve, en effet, dès lors inscrit sous ce nom dans les registres de Navarre.

« Cher maître, dit-il à d'Ailly alors recteur, après l'émeute, si vous le voulez bien, je prendrai le nom de mon petit village ; je m'appellerai Jehan-Le-Charlier de Gerson.

— Soit, répartit le maître, je suis sûr, Gerson, que tu illustrera ton nouveau nom !

« *Gerson*, veut dire en hébreu *exilé*, reprit Jean ; est-ce qu'en effet nous ne sommes pas exilés des cieux notre Patrie ? Est-ce que je ne suis pas exilé de ma pauvre chaumière, loin de mon père, de ma mère et de toute la famille ? » — Et de grosses larmes sillonnaient ses joues !

— « Est-ce que pendant une nuit, continua-t-il, je n'ai pas été exilé du collége pour vous avoir défendu, mon cher maître, (c'est qu'ayant passé pour coupable de l'émeute par confusion de nom avec Jehan *Carlerius*, le pieux jeune homme avait été emprisonné par les bedeaux de l'Université) et qui sait plus tard ?... Eh bien ! cher maître, Gerson rappellera tout cela. Oui, désormais je me nommerai Gerson. »

Une tradition vivante dans le pays de Barby, prétend que Jean aurait pris le nom du hameau natal, pour ne pas être confondu avec son frère qui se montrait mutin, revêche vis-à-vis ses bons parents, et les vexait à la maison paternelle. Nous rapportons le fait, passé à Navarre, tel que nous l'avons trouvé dans des mémoires.

Quoiqu'il en soit, désormais maîtres et condisciples ne l'appelèrent plus que *Jean de Gerson*, ou simplement *Gerson*. Selon les prévisions de d'Ailly, notre Ardennais avança rapidement dans toutes les langues et les sciences, cultivées à Navarre, ainsi que dans la piété. Cette piété devint chez lui si vive, si naturelle, si céleste, que ses directeurs le jugèrent appelé au sacerdoce. Sa vocation à cette profession sainte qu'il regarda toujours comme bien supérieure à tout autre, fut déterminée par la lecture de l'*Itinéraire de l'âme vers Dieu*, de saint Bonaventure, qui lui était tombé dans les mains. Jamais, durant sa longue et féconde carrière, il ne put oublier ce *Séraphique Docteur*, comme le premier il le qualifia dans l'Église, ni cette divine production de son pieux et vaste génie. A partir de cette lecture, Gerson sentit plus vif en lui le souffle caressant de l'apostolat des âmes, et il s'efforça de le seconder avec une indicible ardeur.

Nous ne pouvons entrer dans les détails de cette existence déjà si belle, si activement employée par le saint jeune homme au progrès de ses études qui lui permirent bientôt de dépasser ses illustres maîtres, et surtout consacrée à la sanctification de son âme. Qu'il nous suffise de dire qu'aux exercices religieux de la maison, dont il s'acquittait avec une piété angélique, il joignait les austérités du moine le plus mortifié et pénitent. Tous ses moments libres, il les employait à la prière, à la méditation, et à la contemplation des choses du Ciel. Il regardait surtout la méditation et la prière comme étant d'une nécessité si grande pour le salut éternel, qu'il a formulé cette maxime, devenue célèbre : « Que sans cet exercice on ne peut, à moins d'un miracle de la bonté de Dieu, vivre en chrétien. »

Cette attention de tous les instants à s'unir en esprit avec le Seigneur, faisait qu'il se prêtait seulement à l'étude des auteurs profanes, dont il acquit la plus parfaite connaissance. La bonne intention qu'il avait de plaire à Dieu dans toutes ses actions, et dont il recommande à tous la pratique, le fit progresser merveilleusement dans les voies intérieures. C'est ce qui le soutiendra même parmi le tracas des études ou des affaires auxquelles plus tard il sera mêlé. Les mercredis, vendredis et samedis de l'année, ses mortifications étaient plus rigoureuses. Il passait souvent des nuits sans presque dormir, à prier au pied de son Crucifix, à gémir de l'ingratitude des hommes à l'égard de notre doux Sauveur ou à lire les saintes Écritures qu'il apprit de mémoire, et dont il s'efforçait de pénétrer avec la lumière du Saint-Esprit le sens caché. Il ne se contentait pas de l'extérieur, de l'écorce, ou de la lettre seule, pour parler avec l'*Imitation*. Ce n'était qu'à regret qu'il fermait ce Livre sacré, quand, forcé par le sommeil, sa tête méditative était tombée sur la page sainte. Trithème l'a appelé « un excellent interprète des saintes Écritures, » en effet, ses écrits, ses sermons surtout, en sont pleins.

Cette persistance au travail et à la peine, nuisit considérablement à sa santé. Les médecins l'obligèrent de se modérer. Il apprit par l'expérience à recommander fortement dans ses traités ascétiques, et aux âmes qu'il dirigea plus tard, la modération en toutes choses, même dans les exercices les plus saints. « Le milieu est le plus sûr, » aimait-il à répéter. Ce principe si sage, fut constamment suivi depuis Gerson par les plus grands maîtres dans la piété, saint Ignace de Loyola, saint Charles Borromée, saint François de Sales et saint Liguori, illustres Docteurs de l'Eglise, qui s'inspirèrent si souvent des doctrines du saint Enfant de Barby.

Amant de la solitude intérieure et du travail, qu'il regardait comme deux grands éléments de sainteté, Gerson n'était jamais moins seul que quand il était avec lui-même, ni plus occupé que quand il paraissait en repos. Il visait à chaque instant à acquérir la *parfaite imitation de Jésus-Christ,* par l'union à son esprit, à ses sentiments, à ses affections et la conformité à sa volonté. « Tout ce que le Christ a fait et enseigné, dit-il dans un sermon pour les Rameaux, il l'a fait et enseigné pour notre instruction. » Plus on s'efforce d'imiter Notre Seigneur, plus on avance dans la perfection.

Sous l'influence d'une douce et sérieuse piété, son génie développé et dirigé successivement par d'excellents maîtres dont les noms font l'éloge, tels que Jean Lontario Laurent de Chavanges, Gilles des Champs et Pierre d'Ailly, (ces deux derniers furent honorés de la pourpre,) le rendit bientôt propre à défendre l'Eglise contre les hérésies et à travailler à l'extinction du schisme d'Occident. A sa vingt-deuxième année il composa un charmant traité intitulé « *Des noces du Théologien avec la Sagesse,* » sorte de contrat que son âme passait avec Dieu, beauté suprème, qui lui avait enlevé le cœur et ses affections. C'était une conséquence de l'apparition ineffable de cette Sagesse divine dont il avait été favorisé. C'était de la part de Gerson la formule de son divorce complet avec le monde et surtout avec son esprit.

Il n'était encore que bachelier. Ses talents et aussi son zèle pour le culte de la bienheureuse Vierge, le firent mettre, en 1387, au nombre des députés que l'Université de Paris envoya au pape Clément VII, reconnu pour légitime par la France. Il y alla sous la présidence du célèbre Pierre d'Ailly pour provoquer la condamnation du dominicain Jean de Montesson, accusé d'hérésie, pour avoir nié l'Immaculée Conception de Marie, Mère de Dieu. Gerson fit devant le sacré collége un discours en faveur de ce grand privilége de la Vierge, qui fut extrêmement goûté du Saint Père et mérita ses éloges.

A son retour, l'illustre Champion de Marie reçut les ordres majeurs et bientôt la prêtrise. Il manifesta une piété touchante à sa première Messe ; on eut dit un séraphin à l'autel. Il était destiné à écrire de si ravissantes choses sur le grand mystère Eucharistique et sur la communion, qu'il voulait *fréquente* et *fervente*. A cette date, il prononça dans l'église de Navarre, en présence de ses maîtres et de nombreux docteurs, le Panégyrique de saint Louis, roi de France. Ce début dans la prédication fut vivement applaudi.

Au spectacle de la cour d'Avignon, il avait sondé les plaies de l'Eglise ; il en éprouva une vive impression et en conserva toute sa vie une profonde tristesse. Quelques-uns des sermons qu'il prêcha à son retour à Paris, en portent la marque visible et l'empreinte de sa compassion bien vive.

« Il se trompe, il délire, il est insensé, dit-il, celui qui croit trouver au milieu du trouble des choses passagères

les richesses les plus brillantes, la gloire la plus solide
et la vraie sagesse.Tout ce qui est d'ici-bas est indigent,
misérable, caduc, éphémère... O vous, Saints et Saintes,
qui jouissez de l'éternelle paix, jetez un regard favorable sur notre malheureuse terre. Ayez pitié de ceux qui
souffrent, vous qui êtes exempts de souffrance. Ayez pitié de nous, exilés,qui gémissons et pleurons dans cette
vallée de larmes.De toutes parts le nombre de nos ennemis nous assiége, nous foule aux pieds, nous déchire,
nous étouffe, nous jette en prison. Toute tête est courbée
par la douleur, tout cœur brisé par l'affliction ; depuis
la plante des pieds jusqu'au sommet de la tête, il n'y
a rien dans cette Église qui ne soit malade, dans cette
Église, dis-je, dont les fondements sont sur vous, montagnes Saintes, et que vous avez au prix de votre sang
et par votre mort, consacrée, étendue, cimentée. Vous
la voyez maintenant sans défense, misérable, ignomi-
nieusement déchirée et mise en lambeaux, au point qu'il
n'y a plus de secours humain à espérer pour son salut.»
*Sermo pro omnib. Sanctis, tom. III, col.*154, 1.

En même temps qu'il exhalait ses plaintes et invo-
quait les secours d'en haut pour guérir les maux de
l'Église, il s'élevait avec un rare bon sens contre les
puériles subtilités où se perdaient les esprits de son
temps.

« Il faut, disait-il ingénieusement, rompre les toiles
d'araignées, dont les fils inextricables s'embarrassent et
se brisent d'eux-mêmes dans leur entrelacement... Les
enseignements de la sagesse doivent être forts et solides,
frapper par leur clarté plutôt qu'étonner par leur vaine
subtilité... Le beau travail que d'écrire en lettres mi-
croscopiques l'illiade d'Homère et de la faire tenir dans
la coque d'une noisette! Il faut s'appliquer à être utile

,et non à surprendre l'admiration... » *Sermo in die Sep-
tuagesima, tom. III, col.* 1029.

Ainsi, avant même que le titre de chancelier lui donnât l'autorité nécessaire pour réformer les études, il es-
sayait de ramener dans la voie d'une sagesse plus éclairée et plus pratique les esprits sottement épris de mille
curiosités stériles.

En l'année 1392, Gerson reçut le bonnet de Docteur
et s'engagea ainsi devant Dieu à défendre l'Eglise au
prix de son sang. Trois ans après, d'Ailly, son maître
et ami, ayant été nommé à un évêché, se démit en sa
faveur de la Chancellerie de Notre-Dame et de l'Université. Il ne connaissait pas, disait-il, dans toute la France
de sujet plus capable de remplir cette charge devenue
très-difficile, à raison du schisme et des factions qui déchiraient le sein de l'Église et désolaient la Patrie. Gerson l'accepta parce qu'il y voyait du bien à faire,
mais sans compter avec les difficultés ; il refusa celle
d'aumonier et confesseur du roi qui avait été confiée à
d'Ailly.

Il voulut aussitôt être dégagé de tous les liens qui
pouvaient l'attacher au monde, afin de défendre avec
une liberté entière la Vérité divine qu'il prit pour règle
de sa conduite et pour fondement de sa doctrine.
« O Vérité qui êtes Dieu même, s'écriait-il souvent, faites que je ne sois qu'un avec vous par l'union d'une
éternelle charité !... »

Comprenant l'immense portée de ses devoirs, le nouveau Chancelier s'employa de toutes ses forces à mainte-
nir dans l'Université, alors dirigée par le clergé, une
exacte discipline, à détruire avec douceur, fermeté et
prudence les superstitions si populaires et les abus si
invétérés, comme on le voit par les écrits de ce temps

et par le premier livre de l'*Imitation*. Il s'opposa avec un courage intrépide à toutes les erreurs et les nouveautés dans l'Église, et il les qualifiait de « peste du Christianisme ! »

L'éducation morale et religieuse des enfants, des femmes et du menu-peuple est, dès cette époque, une des constantes préoccupations de Gerson. Ses nombreux manuscrits français, encore inédits pour la plupart et négligés, on ne sait pourquoi, rendent témoignage de ses constants et généreux efforts pour la culture et l'amélioration des classes, prouvent et expliquent en même temps combien était grande l'incomparable popularité qu'il avait acquise de bonne heure; elle était telle, nous dit-il lui-même, « Qu'aucune serrure n'était assez forte pour défendre ses ouvrages des mains de ceux qui les lui dérobaient et les répandaient, encore incorrects et méconnaissables. » (*Opera, tom.* 1, 20) Il prêchait souvent en français, la seule langue que le peuple entendait, et il composait en langue vulgaire grand nombre de petits traités d'éducation : ce que nul avant lui n'avait fait :

« Entendez-vous, petits enfants, fils et filles, et aultres gens simples, je vous escripray en français votre A. B. C, qui contient plusieurs points de notre religion chrétienne... Et quant à plus savoir, je vous renvoie à *l'Exemplaire des petits enfants*, et au *Miroir parlant des Dix commandements*, et à la *Science de bien mourir*, et à *l'Examen de conscience* et à aultres *tels petits Traitiès*...

Tous ces ouvrages dont Gerson, le sublime éducateur de l'enfance et du peuple, est bien l'auteur, mériteraient d'être recueillis, comme témoignage des efforts de ce grand homme pour le bien-être moral de sa chère Patrie.

Les petites écoles attiraient surtout sa vigilance et ses

soins. Il y établit de sages réglements, procura des
moyens d'émulation pour les élèves. Jamais l'enfance
n'eut, après Jésus-Christ, d'ami plus tendre, plus dévoué et plus généreux que Gerson, comme l'a élo-
quemment démontré le saint évêque d'Alger, Mgr Pavy,
dans un *Mandement* du mois d'Août 1849, qui glorifie
si bien le nom et la mémoire de notre Chancelier. Il répétait souvent que « pour faire refleurir le christianisme, réformer les mœurs de l'Église et assurer la civilisation, le bien-être de la société, il fallait avant tout,
s'occuper de l'éducation chrétienne des tout petits enfants, principe de salut sur lequel, d'après Gerson, le
philosophe Leïbnitz a fortement insisté.

Le saint homme traduisait son enseignement dans sa
conduite, lui Chancelier de la plus célèbre Université
du monde, poste si important et si éminent qu'il ne re-
levait que du Souverain Pontife de Rome, il ne dédai-
gnait pas d'apprendre lui-même, comme autre fois saint
Grégoire Pape, la musique dont il a fait l'éloge dans
plusieurs Traités, et l'accentuation du latin aux enfants de
chœur de la métropole de Notre-Dame de Paris. Il dressa
de beaux réglements pour cette école des Clercs qu'il
rendit alors très-florissante, et, qu'on retrouve dans le
recueil de ses œuvres. Il allait plus loin, et s'abaissant
par l'exemple de Notre-Seigneur, souvent il se faisait
catéchiste et *maître d'école* des enfants, fonctions alors si
dédaignées ; ajoutant ces titres à ceux qui le distin-
guaient de ses plus illustres contemporains et qui l'ont
placé si haut dans l'opinion des souverains Pontifes, de
l'Église et de la postérité.

Des docteurs de Sorbonne semblaient se scandaliser,
en voyant celui qui était leur Maître à tous se faire ainsi
par esprit d'humilité, de charité et de zèle, le docteur

des petits enfants pauvres. C'est alors que le *saint imitateur du Christ* leur fit cette admirable réponse : « Si le roi m'avait désigné précepteur du Dauphin de France, est-ce que la Sorbonne se serait regardée comme déshonorée en me voyant me consacrer à l'éducation du prince ? — Or, ces enfants, bien qu'ils soient pauvres, sont les princes héritiers de la gloire céleste : pourquoi donc ne me tiendrais-je pas pour grandement honoré et heureux de pouvoir leur enseigner la plus sublime de toutes les sciences, la science de Dieu ?... »

Les soins du Chancelier pour écarter de l'enfance tout ce qui pouvait l'induire au mal, comme les tableaux et les statues déshonnêtes, les livres corrupteurs, étaient de tous les instants. Sa vigilance, en ce point, ne saurait être assez imitée. Il a laissé un *Appel au pouvoir public*, dont Mgr Dupanloup a donné une excellente traduction, qui mériterait d'être continuellement sous les yeux de l'autorité civile, des parents et des maîtres. Dans un autre écrit *Sur l'innocence des petits enfants*, il blâme fortement tous ceux qui les scandalisent. « Souvenez-vous, leur crie-t-il, qu'un souverain respect est dû à l'enfance ! » Quel maître et quel modèle chrétien, que notre Bienheureux !...

Il ne respirait que la gloire de Dieu dans les âmes, s'efforçant de tout son pouvoir de procurer leur sanctification ; ses laborieux travaux ne l'empêchaient point d'aspirer avec une indicible ardeur à la vie cachée et spirituelle avec Jésus-Christ. Il fuyait le plus qu'il le pouvait le tumulte et le commerce des hommes, pour s'entretenir avec Dieu et avec les Anges dans la solitude du cœur, dont il chanta les ineffables délices dans un charmant poëme *De la vie solitaire*. Il était éloigné de cette piété égoïste qui refuse des charges pour ne pas

voir son goût pour la solitude contrarié. A ceux que le
tourbillon des affaires emportent au dehors d'eux-
mêmes, et qui sont peu avancés dans la voie de Dieu,
il donne ce conseil : « Si vous ne pouvez être toujours
recueilli devant Dieu, rentrez au moins quelquefois le
jour en votre intérieur. »

Chancelier, il s'aperçut bientôt des dangers qui, à raison des difficultés suscitées par le schisme, se présen-
taient de toutes parts; son âme pure et simple, candide
et timide, en fut fort alarmée. Il chercha ailleurs une
retraite, qui lui permit de s'occuper des âmes sans négliger la sienne propre, « l'homme, a-t-il écrit, n'ayant
au monde rien de plus cher, ni de trésor plus précieux
que son âme. » Il alla même jusqu'à rêver la vie du
moine, mais des obstacles l'arrêtèrent.

Vers l'année 1400, le duc de Bourgogne, son protecteur alors, lui fit offrir le doyenné de Saint-Donat, à la
cathédrale de Bruges, Gerson s'acquitta de ses nobles
fonctions avec un soin très-délicat, sans perdre des yeux
les études de Paris dont il avait toujours conservé la
direction. De là il écrivit une *Épitre* à d'Ailly, devenu
évêque de Cambray, *sur les maux que souffraient l'Église
et la société*. Le tableau qu'il en fait est émouvant et ar-
rache des larmes. Il lui parle de la nécessité d'une réforme dans l'enseignement classique de la théologie, et
critique avec un ton tranchant les déplorables conséquences de la scolastique dégénérée. Il adressa aussi
deux *Épîtres aux élèves de Navarre*, où il les invita avec
l'autorité du maître, mais surtout avec la tendresse d'un
père, à laisser là les argumentations de l'École pour
s'adonner à la théologie scripturale et patrologique. Il
gémit de voir ainsi la Bible et les anciens Pères de
l'Église délaissés pour des questions trop souvent plus

que frivole, et il leur montre les avantages d'une vraie science chrétienne qui conduit à Dieu et au repos du cœur. « Apprenons, leur dit-il, non pas tant à disputer qu'à vivre saintement, nous souvenant toujours de notre dernière fin. » *discamus non tam disputare quam vivere, memores semper finis nostri* : maxime bien digne de l'auteur de *l'Imitation de Jésus-Christ*.

Malgré le zèle et la résignation dont il était animé, là encore Gerson se trouva mal à l'aise ; il fallait qu'il apprit par l'expérience que le « lieu est un faible rempart, que ce n'est pas lui qui sanctifie l'homme, et que la Croix est dressée partout, » comme le dit *l'Imitation*. On lui suscita un procès au sujet de son bénéfice, d'abord vendu à plusieurs, qui avaient refusé d'occuper ce poste pourtant très-honorable et qui n'y résidaient jamais au détriment des âmes. Quoique certains saints aient soutenus des procès inévitables, l'âme du Chancelier en fut consternée. La vertu du bon pasteur Gerson, sa ponctualité aux devoirs de sa charge avait éveillé l'envie et irrité la fureur de ces bénéficiers. C'est alors qu'il rédigea une longue *Épître sur les causes qui le portaient à se démettre de sa chancellerie*. Car il avait le dessein de se retirer tout à-fait de la vie civile pour abriter son innocence, sa vertu, et sa piété à l'ombre d'un cloître. Ce projet était certainement bien conforme à son caractère et aux tendances de son âme contemplative. « On reconnaît dans cette Épître, observe Mgr Bourret, ce penchant qui le porta toujours à fuir les grandeurs du monde, ce goût pour la retraite et la vie cachée qui faisait le fond de son caractère, et que font encore valoir ceux qui voudraient qu'il eût écrit ce livre sublime, dont la doctrine se résume dans la belle maxime : « *Aimez à vivre ignoré.* »

Naturellement Gerson, philosophe très-sublime, était porté vers la vie mystique. Homme d'action autant que de contemplation il ne redoutait ni le travail, ni la fatigue, mais il ne se sentait pas être un homme de combat. La pureté de sa vie, l'humilité de son cœur, craignaient instinctivement les tentations du monde et de l'orgueil. Sa vertu ne voyait pas dans la société, corrompue comme elle était alors, un abri suffisant pour la protéger. Le monastère lui paraissait un asile plus sûr.

Ponrtant, cette fois encore, le conseil des hommes sages, de ses directeurs spirituels, triompha de son projet si bien arrêté. Gerson, pour l'honneur et la gloire de l'Église de France, resta sur la brèche dangereuse qu'il avait entrevue. Il ne déserta pas son poste; mais, s'il y fut fidèle ce fut avec le désir et la volonté de combattre le mal, de sauver l'Église et de gagner le plus d'âmes qu'il le pourrait à Jésus-Christ. Renonçant ainsi pour le salut commun à une piété égoïste, il priva un monastère d'un moine pieux, il donna à l'Église et à la France un conseiller qui pouvait les sauver, au christianisme un de ses plus grands Docteurs, au clergé un digne exemple à suivre, au monde entier l'un de ses plus grands philosophes, un sublime Génie, un phare pour le guider vers le Ciel à travers les écueils les plus dangereux.

Les contradictions qu'il essuya à Bruges, loin d'abattre son courage, ne firent que purifier et retremper son âme déjà si dévouée au Seigneur. Cet esprit mystique, cette tendance à la vie contemplative et monacale qu'il entretenait nous valurent de sa plume, de vrais chefs-d'œuvre de doctrine et de piété. Il écrivit *Deux leçons sur l'Évangile selon saint Marc*, commençant par ces paroles du Sauveur : « Faites pénitence et croyez à l'Évangile. » Son but est de réprimer la curiosité humaine dans les études et les choses de la Foi, de porter les âmes à la componction du cœur, de les tenir par un saint désir toujours suspendues vers les biens éternels. Il y écrivit aussi en rouman, ou français de l'époque, deux traités pleins d'onction, de simplicité et d'un haut mysticisme ; l'un intitulé : *La mendicité spirituelle* ; et l'autre, *La montagne de la contemplation*, que de savants critiques ont estimé être les premiers jets du livre de *l'Imitation de Jésus-Christ;* on y retrouve la pensée et l'onction, l'allure de style et souvent l'expression de ce livre. Le premier est écrit en monologue comme *l'Imitation.* Ces ouvrages firent dès lors placer le Chancelier au premier rang des grands Docteurs mystiques : nul d'eux en effet n'a le cœur plus empreint du mysticisme chrétien que notre Chancelier, qui l'a élevé au rang d'une philosophie, en le représentant comme une science de l'expérience intérieure.

En 1401, le saint homme, modèle parfait des bons fils, perdit sa sainte mère. Il vint à Barby l'assister à ses derniers moments, et recueillir avec les derniers gages de sa tendresse maternelle son dernier soupir qu'elle exhala dans le sein de Dieu. La tombe qui renferme les restes précieux de la mère de notre incomparable Docteur, encore nommée *la Sainte* dans le pays, est conservée avec une singulière vénération dans l'Église de Barby, avec son épitaphe en vers gothiques. Elle est destinée providentiellement à immortaliser cette vie si pure et si sainte. Quant au vertueux père du Bienheureux, il aura dû passer ses derniers jours près de son fils le bénédictin, à Saint-Rémi de Reims ; sans doute pour jouir des entretiens pieux du bon moine, car son corps fut inhumé à Saint-Rémi, près de l'autel du tombeau de ce Saint. Nous relatons ces choses, parce que l'on ne saurait trop féliciter ces saints parents pour la chrétienne éducation donnée à leurs enfants et en particulier à celui qui glorifie l'Église et la France. On peut bien croire que le souvenir de sa mère, de son regard si doux et si pur, fût pour l'angélique Enfant de Barby l'une des plus sures sauvegardes de sa vertu et de sa piété. L'œuvre la plus grande, la plus sérieuse et la plus méritoire de toutes les œuvres, c'est donc une éducation religieuse, donnée à l'enfance ; tout le reste est sans résultat heureux. A quoi peut être bon celui qui lui-même n'est pas bon ?

LIVRE DEUXIÈME

N'ayant pu se démettre de sa chancellerie, pour se
faire moine, Gerson revint à Paris, vrai foyer de discordes par suite de la démence où était Charles VI et la
rivalité des ducs d'Orléans et de Bourgogne. Il parut au
milieu de ces fureurs des passions politiques, comme un
médiateur de paix envoyé par la divine Providence.
Modérateur puissant et ferme de tous les excès, ennemi
des abus et de la violence, il reçut plusieurs fois les
injures des factions entre lesquelles il se tenait inébranlable. Mais les injures, il les méprisait en disant : « Ce
n'est point sur les rumeurs populaires, mais sur la pureté de la conscience que se mesure le mérite de la vie
d'un chrétien.» Souvent, néanmoins, le puissant ascendant
que lui donnait la sainteté de sa vie le rendait vainqueur
des rebelles ; alors tous les fronts s'inclinaient à son
aspect, toutes les armes tombaient à sa voix, interprète
de la miséricorde et du pardon.

Fréquemment il eut occasion d'haranguer le roi, et dans ces solennelles circonstances, il se montra toujours le hérault des plaintes des populations souffrantes. C'est dans ces harangues qu'il faut étudier le grand patriotisme de l'immortel Gerson.

L'un de ses premiers actes comme chef de l'Université fut de lui réconcilier les Dominicains, ces religieux en ayant été exclus depuis l'affaire du père de Montesson, relative au privilége de l'Immaculée Conception de Marie. Jusque là, c'est-à-dire depuis quatorze ans, il y avait un soulèvement presque général contre eux. On leur refusait les offrandes et les aumônes, au moyen desquelles ils subsistaient en partie. On les insultait dans les rues, quelques-uns même furent jetés dans les prisons, à peine osaient-ils se montrer. La piété envers Marie était forte et sérieuse alors. Le chancelier Gerson était touché depuis longtemps de cette persécution contre la famille Dominicaine ; il gémissait aussi de voir, comme il l'écrivait de Bruges aux Théologiens de Navarre, que depuis l'exclusion de ces religieux, la parole évangélique était annoncée moins souvent, les offices de l'Église moins suivis, les sacrements moins fréquentés, la piété moins vive, et il s'efforçait d'inspirer à ces docteurs des sentiments de douceur et de charité à l'égard des Prêcheurs, si utiles à l'Église.

Il attaqua vivement une production malsaine, *Le roman de la Rose*, qui venait de paraître, combattit en chaire et dans un écrit ses pernicieuses influences, et par le fait vengea dans leur honneur les dames françaises que ce roman avilissait. Pour être mieux goûté du public, il employa le voile de l'allégorie, et comme dans le livre de Lorris et de Meung, tout s'y passe en vision. Les coups portés par le vaillant Champion,

furent terribles et eurent un retentissement universel.
Il combattit avec non moins de force, mais avec plus
de succès, les supertitions et les fêtes de l'âne, des fous,
dans un *Traité de ce nom*, et autres inepties qui paro-
diaient dans les églises les saints mystères et défiguraient
la beauté du christianisme. Rien n'échappait à sa vigilance et à son zèle dans la maison de Dieu.

A la fin de l'année 1403, l'Université de Paris envoya
au pape Benoit XIII une députation, pour le prier de
céder sa papauté, Gerson était à la tête des députés.
Il y harangua le pape à Marseille le 9 novembre, et à Ta-
rascon le 1ᵉʳ janvier 1404, avec une respectueuse liberté.

« Si tout ce qu'on a fait pour éteindre le schisme n'a
servi de rien, disait-il, il ne faut pas se décourager pour
cela, ni abandonner la tâche. Si le matelôt désertait
son navire après le premier naufrage, le soldat le champ
de bataille après une première blessure, le laboureur
la charrue après une année de stérilité, ce ne serait pas
de la prudence, mais de la lâcheté... Laissons de côté
les récriminations, oublions les divisions passées, faisons taire nos vieilles passions, et marchons en avant,
cherchant pour notre sainte mère l'Église le port de la
paix... »

En ce temps-là les Chanoines de Notre-Dame vivaient
en communauté sous une règle, à la façon des Moines.
Cette règle instituée par saint Chrodegrand était, dit
Alletz, presque toute tirée de celle de saint Benoit.
Notre Gerson, qui était Chancelier de cette Eglise, où
il possédait un canonicat logeait avec eux au cloître de
Notre-Dame. On peut dire qu'il avait l'esprit et la vertu
d'un bénédictin. Modèle de piété et de régularité,
comme ses confrères toutes les nuits il se levait pour
assister aux Matines qui y étaient chantées de même

que dans les monastères. Dans son *Josephina* et autres écrits, il fait allusion à ces chants à deux chœurs dont retentissaient nos anciennes cathédrales comme les églises des cloîtres.

Vers 1405 le Bienheureux fut nommé curé et abbé commandataire de saint Jean-en-Grève. Il méritait cet honneur, car en l'année 1396 il avait laissé, sur la place de Sa Grève, un souvenir impérissable de sa foi, de sa piété, de son zèle et de son humanité. Depuis un temps immémorial on y exécutait les criminels, avec l'usage barbare de leur refuser les sacrements. L'âme pieuse et charitable du saint Chancelier en avait été touchée jusqu'au larmes. Il avait composé en latin et en français, (car les grands et même Charles VI entendaient peu le latin), un *Mémoire, divisé en cinq considérations*, qui fut présenté au roi, à l'effet d'obtenir que désormais le prêtre parut sur l'échafaud pour se faire l'Ange consolateur des victimes que la société retranchait de son sein pour leurs délits. De ce mémoire nous ne reproduisons que les points suivants :

« La loy de Dieu commande que chacune personne qui se scait être en péché mortel après son baptème, fasse avant sa mort confession à prestre, se par empeschement légtime n'est excusée, comme par défaut de prestre ou autrement.

« Quelconque personne de quelque estat ou dignité elle soit, qui scait ou doit scavoir les deux vérités dessus dites, et néanmoins à son escient empesche une personne non avoir confession de prestre avant sa mort, péche mortellement, et si en cet estat mourait sans repentance, elle serait damnée perdurablement, comme s'elle empeschait qu'une personne ne fut baptisée avant sa mort.»

Persuadé par les raisons du Docteur très-chrétien, et comptant sur les offres de Pierre de Craon pour les honoraires des religieux destinés à ce dévouement, Charles VI accorda cette faveur. Ici la vie du saint Chancelier, offre des faits plein de dévouement et de chrétienne charité qu'on ne pourrait lire sans être profondément attendri. Dès lors le vertueux Gerson fut considéré comme un grand *consolateur de l'humanité*, et bientôt par l'influence aussi de beaux écrits propres à consoler les âmes, on lui décerna le glorieux titre de *Doctor consolatorius*, c'est-à-dire, comme l'interprète Mgr Bourret, « Docteur de la consolation et de l'espérance. »

En 1406, l'Université, dont il était le représentant, le députa vers les deux pontifes contendants, Grégoire XII, pape de Rome, et Benoit XIII, pape d'Avignon, pour les porter à s'entendre et par la voie de cession ou autrement, à travailler à éteindre le schisme qui faisait des ravages effrayants dans l'Église.

Voyant, à son retour, le peu de fruit de cette ambassade, Gerson commença à composer divers écrits, *Sur le schisme, sur la simonie et sur les moyens de procurer à l'Église l'union et la paix sous un seul chef légitime*. Ces écrits, trop nombreux pour être relatés ici, eurent une portée immense dans tout le monde catholique. Non content de mettre sa plume au service de l'Épouse mystique du Christ si cruellement éprouvée, et dont il portait une grande part de ses douleurs, dévoué qu'il était à sa cause, comme le fils le plus aimant et le plus généreux envers une tendre mère, il priait avec larmes et faisait prier le Seigneur de venir enfin au secours de son Église. Il prêchait avec véhémence la parole sainte aux peuples qu'il enseignait continuellement et dont il entendait les confessions, tantôt à saint Jean-en-Grève, dont il était le curé, tantôt à Notre-Dame, dont il était chanoine et Chancelier, tantôt à Saint-Germain-l'Auxerrois, à Saint Bernard, à Saint-Germain-des-Prés, à Sainte-Marie, à Saint-Gervais et autres églises et très-souvent à Saint-Sévérin, comme on le voit par des inscriptions de sermons qu'il nous a laissés.

« Orateur à qui peu pourraient être comparés pour l'érudition profane et chrétienne, dont l'âme s'était nourrie de la doctrine de saint Paul, et dont la sensibilité de cœur était aussi grande que la pénétration de l'intelligence, dit Mgr Bourret, il parlait respectueuse-ment, mais avec une grande énergie aux princes de l'Église et de ce monde, il aimait aussi à évangéliser le peuple, se mettant, à l'exemple des apôtres, à la portée des plus simples. Comme saint Paul il savait s'accommo-der à tous, faire aimer et accepter la morale de l'Évangile qu'il présentait avec une onction et une grâce charmante. Il aimait à se faire petit pour pénétrer plus facilement dans l'esprit des pauvres et des ignorants. » Ajoutons, d'après un historien, que sa réputation de sainteté lui donnait la plus grande autorité et fécondait merveilleusement sa parole ; de là tant de conversions dont il était l'instrument.

C'est à l'effet d'obtenir ces conversions et l'extinction du schisme que, dès son début dans la chaire, le premier dans l'Église, il mit en usage de faire réciter l'*Ave Maria* avant le sermon, pratique qu'embrassa bientôt saint-Vincent Ferrier, quand, deux années après le Chancelier, il fut fait prédicateur, et devenue aujourd'hui universelle dans le catholicisme. Cette pratique, Gerson la recommandait vivement aux nouveaux docteurs auxquels *de par l'autorité du Saint-Siége Apostolique,* il accordoit la licence pour enseigner.

2*

Ce qui est admirable chez notre Bienheureux, c'est qu'il savait toujours varier son style et les formes de sa pensée. Devant les papes, les rois et les docteurs, il faisait des discours latins, savants et raisonnés. Cependant il lui est arrivé quelque fois de prendre devant cet auditoire d'élite un ton simple et paternel. Plusieurs de ses discours nous restent sous le nom de conférences. Il n'y a pas d'écrivain Ecclésiastique dont les formes du style dans les écrits ou les sermons offrent autant de nuances que chez Gerson, de là vient la difficulté de bien saisir son vrai caractère d'écrivain.

Il visait avant tout à la connaissance et à la pratique du christianisme. Son thème favori était l'Évangile ; sans cesse on retrouve dans ses sermons sa grande pensée : « Faites pénitence et croyez à l'Évangile », et sa sublime devise : « Élevez vos cœurs vers le Ciel ! » théorie qui forme le fond de toute l'*Imitation de Jésus-Christ.* Il croyait que les doctes avaient besoin aussi bien que les simples, de se bien pénétrer des rudiments de la foi et de la morale. Un jour de solennité, Gerson devait prêcher à la métropole, l'évêque de Paris, le chapitre, les docteurs, les princes et la noblesse y étaient accourus pensant écouter un discours d'apparat. Grande fut leur surprise ! Le saint orateur, vraiment apostolique, s'était tout à coup transformé en catéchiste, et son discours, ou plutôt exhortation, roula uniquement sur la manière dont on doit bien faire sa confession.

Ce bon pasteur, était par ses paroissiens aimé comme un père ; il savait compatir à leurs maux, alléger leurs souffrances, essuyer leurs larmes. Par sa grande douceur, par ses aumônes, par le puissant ascendant de sa vertu, il s'attirait l'affection et l'estime des plus endurcis dans le mal. Aussi, pour tout résumer, sa sainte mémoire a traversé les siècles à Saint-Jean-en-Grève jusqu'à la démolition de cette église, à l'époque de la grande révolution. Et le *livre d'Offices* propres à cette paroisse, publié en 1742 par les soins de son vénérable curé, Félix Esnault, docteur de Sorbonne, et approuvé par l'archevêque de Paris, a consacré une page de ses *Remarques historiques* à célébrer le mérite du chancelier Gerson, signalant les nombreux miracles qui se firent à son tombeau, et le titre de Bienheureux qui lui a été si justement décerné.

Ce fut vers ce temps que, pour donner à l'enseignement de la doctrine chrétienne dans l'Église une forme plus régulière et plus facile à saisir par les simples, étant dégagée de toute argutie de l'école, le zélé pasteur composa son *Œuvre tripartite*. Cet écrit fut reçu par un grand nombre d'églises du monde catholique, inséré par des évêques ou des conciles dans plus de trente *Rituels*; et Saint François de Sales lui-même le fit mettre dans le rituel de son église. Chaque dimanche au prône, les curés devaient en faire la lecture, au moins d'une partie, au peuple. Il faut remarquer avec un de ses historiens, que jamais Gerson ne se préoccupa de pensées exclusivement universitaires; c'est bien plus au nom de l'Église, dont il est un grand Docteur, qu'il se donna la mission d'instruire et de moraliser le peuple.

Le pieux Gerson était en effet regardé comme le plus grand théologien et l'un des plus savants canonistes de l'Église en son temps. Profondément assis dans la foi, il eut toujours l'estime la plus sincère pour la tradition catholique qui nous a été transmise par la chaîne des Saints Pères, dont il forme l'un des anneaux les plus brillants et les plus solides. Dans les grandes assemblées de l'Église il rappelait souvent cette tradition apostolique, qu'il opposait avec force et dignité aux fantaisies de la nouveauté, basée sur des visions, aux arguments captieux de la nature corrompue et d'une morale anti-évangélique. Il enseigne que lorsqu'il s'élève des doutes, qui sont soutenus de part et d'autres par beaucoup de raisons, comme il arrivait fréquemment à son époque, où jusqu'à trois papes concurrents, qui avaient chacun leur parti, déchiraient à qui mieux mieux la tunique virginale du Christ, pour arrêter les disputes et finir les contestations, rien n'est plus propre que l'autorité des anciens, et que nous trouvons que les Pères ont enseigné de tout temps, suivant ce qui est écrit dans la Bible : « Interrogez ceux qui ont été avant vous, et cherchez avec soin ce que les pères ont dit. » Et encore : « Interrogez vos ́pères, et ils vous enseigneront ce que vous désirez savoir. » L'*Imitation* conseille aussi de ne point dédaigner les sages avis des anciens dont l'expérience et le temps ont muri la pensée.

Ce talent et cette sagesse extraordinaires de l'humble Chancelier retentissaient au loin. En 1408, un Concile provincial s'assemble à Reims, l'archevêque l'y appelle et lui fait les honneurs du discours d'ouverture. L'orateur sacré prit pour texte ces paroles du Christ : « Le bon Pasteur donne sa vie pour ses brebis. » Il en fit ressortir les devoirs attachés au saint ministère, qu'il réduit à trois : à l'instruction, au bon exemple et à l'administration des sacrements. «Et, observent les Pères de la Compagnie de Jésus (*Hist. de l'Église*), il dit sur cela mille choses également curieuses et utiles. Tout le détail de ce discours est très-instructif, et pourrait encore servir de modèle aux évêques les plus occupés de leurs devoirs. »

Au mois de Janvier 1408, Charles VI avait fait publier une déclaration dans laquelle il était dit que, si avant la fête de l'Ascension l'union n'était pas rétablie et l'élection faite d'un pape unique, lui Charles et tout le royaume embrasseraient la neutralité. Benoît répondit à cette déclaration par une bulle où il excommuniait le roi et mettait le royaume en interdit. Grand mouvement dans l'Université ; elle s'assemble, elle tonne, elle déclare Benoît schismatique, contumax et hérétique ; les bulles sont lacérées ; on invite par une lettre les cardinaux des deux obédiences à se réunir pour travailler à pacifier l'Église : ordre est donné au maréchal de Boucicaut de se saisir de la personne de Benoît. Mais le pape s'embarque et s'enfuit dans les États du roi d'Aragon. Les cardinaux de Grégoire l'avaient abandonné... Tous les esprits étaient dans toute la catholicité en proie à une extrême agitation. Les bulles du pape avaient provoqué d'indignes prédications et d'odieuses saturnales dans Paris. La grande voix de Gerson se fait encore entendre au milieu de ces excès et de ces violences. Il prêche sur la paix, sur la justice, sur la résignation aux desseins de la Providence. Il s'élève contre ceux qui se réjouissent des divisions, qui nourrissent des colères, des haines et des désirs de vengeance. Il montre les bienfaits de cette belle paix qui doit rendre la vie à l'Église et au royaume... « Crions tous, dit-il, les plus grands comme les plus petits, crions à la paix comme on crie au feu et à l'eau quand l'incendie menace de dévorer nos maisons... »

Ce n'était donc pas seulement les intérêts de l'Église, mais aussi ceux de sa Patrie que le courageux Chancelier servait avec le plus grand désintéressement et l'amour le plus filial. Il avait beaucoup d'obligation au duc de Bourgogne, son protecteur, mais en sincère ami de la vérité divine, il se sépara de ce prince lorsque celui-ci eut fait assassiner le duc d'Orléans. Dans cette circonstance qui fait honneur à son grand caractère, et qui rattache un fait si grave à notre Histoire nationale, Gerson montra un courage et une intrépidité héroïques. Comme il jouissait d'un grand crédit sur l'esprit du peuple, il parla hardiment en chaire contre les factieux, sans nommer l'auteur principal d'un si odieux attentat. Ce jour-là même, il vit une ignoble émeute, celle des partisans du meurtrier et de ses apologistes, et aussi de la superstition, se soulever contre sa personne. Sa demeure fut livrée au pillage, et il n'échappa aux assassins qui lui couraient sus, qu'en se réfugiant sur les voûtes de Notre-Dame de Paris. Il y resta environ deux mois, solitaire, méditant et priant sans interruption. Peut-être, résigné comme il l'était, devait-il avoir gravé dans sa pensée cette sentence de l'*Imitation de Jésus-Christ*, ou *Consolations intérieures* : « Croyez que cela est pour le mieux... » Telle était la joie qu'il éprouvait de cette persécution pour la justice et la vérité de l'Évangile que, là même, il composa de beaux traités sur le Cantique des cantiques, dont un sur la musique de l'âme, intitulé *Chant du cœur*.

Il descendit de ces hauteurs qui l'avaient rapproché du ciel, comme autrefois Moïse du Sinaï, le front ceint d'une céleste auréole, transparent de la lumière divine. Fortifié par la vertu du Tout-puissant il prit pour devise ces paroles de l'Imitation : *certa viriliter* et combattit avec plus d'énergie encore les apologistes du Tyrannicide. Jean Petit entre autres, docteur de Sorbonne, appuyé par l'évêque d'Arras et Pierre Cauchon, vidame de Reims, trois protégés du duc de Bourgogne, ayant eu le malheur de se laisser gagner par le prince, se constitua publiquement avec une audace extrême, le défenseur du meurtre en général et du meurtrier en particulier. Notre Bienheureux le poursuivit devant l'Église et l'Université de Paris, comme un ministre dont les principes étaient subversifs de toutes les Lois chrétiennes, sociales et humaines. Il n'eut pas de relâche qu'il ne l'eut fait aller cacher sa honte dans un coin obscur, qu'il n'eut fait condamner sa doctrine par l'évêque de Paris, et brûler son honteux plaidoyer qu'il avait débité à l'Hôtel royal de saint Paul, devant le parvis même de Notre-Dame.

Depuis longtemps, avec tous les gens pieux et éclairés, le saint Chancelier appelait de tous ses vœux la tenue d'un Concile général qui mit fin au schisme. Après avoir réfuté dans son traité de l'*Unité Ecclésiastique*, les raisons que l'on apportait contre la convocation de ce concile à Pise, et avoir montré la nécessité et le moyen d'arracher des mains des faux papes l'Église expirante, il y assista en qualité de député de l'Église de France et prit part à presque toutes les délibérations. Le Concile, représentant l'Église universelle, obligea les deux papes qui brisaient son unité et fomentaient le schisme, à se démettre du pontificat et élut à l'unanimité le cardinal Philarge de Candie, qui prit le nom d'Alexandre V. Là, comme jadis à Reims et dans plusieurs conciles nationaux tenus à Paris, le saint Docteur brilla par l'éloquence et la sagesse de ses discours. A la demande du Concile, il harangua le nouveau et seul légitime pape. Dans son discours il introduit habilement l'Église demandant au Pontife la reformation et le rétablissement du royaume d'Israël: « Pourquoi, lui dit-il encore, n'euverriez-vous pas aux Indiens, dont la foi peut être si facilement corrompue, puisqu'ils ne sont pas unis à L'ÉGLISE ROMAINE, DE LAQUELLE SE DOIT TIRER LA CERTITUDE DE LA FOI... »

Il nous serait doux de revenir à la vie toute apostolique du pieux Chancelier, de le réprésenter dans la chaire de Notre-Dame, prononçant ce fameux *Sermon sur la Passion de Notre-Seigneur Jésus-Christ*, suivant la concorde Évangélique. L'extrême longueur de ce discours, puisqu'il est divisé en vingt-quatre textes ou points, sorte d'*horloge de la Passion*, et qui fut récité moitié avant midi, moitié après midi, n'ôte rien à l'intérêt et au charme infinis dont il est plein. Jamais langue humaine n'a mieux, ni avec plus de douce sensibilité et de pieuse onction, raconté les tourments et les peines du divin Rédempteur, dans sa passion et dans sa mort. C'est principalement dans cette production, que ce Génie divin, selon les termes d'un historien « a versé à flots les douces larmes de la Passion du Christ et de la Vierge affligée. » Certaines parties sont plus belles encore que l'*Imitation*. Les paroles du Saint sont des flèches de feu qui pénètrent l'âme et provoquent à la componction et aux larmes. Et de cette admirable glose surtout on doit dire ce qu'un biographe du Chancelier écrit de ses sermons en général. »

« Il y a des passages pleins de chaleur et de vie; l'orateur se livre à des mouvements admirables, qui ont dû produire des effets extraordinaires; il est riche en belles images, en métaphores pleines d'éclat et de vérité, en antithèses frappantes... Quelle chaleur ! quelle onction ! quelle sensibilité !... »

Là, comme ailleurs « le but du dévot Docteur fut toujours, selon la judicieuse remarque de Mgr Bourret, d'exciter ses auditeurs au repentir et à la pénitence. Fréquemment il propose l'exemple du Christ tenté et souffrant, pour exciter ses auditeurs à ne point se laisser vaincre par leurs passions, pour les engager à réformer leurs mauvais penchants, et les encourager à supporter patiemment les épreuves de tous genres auxquelles il a plu à la Providence de soumettre le monde. »

Il est glorieux pour le Serviteur de Dieu de rappeler qu'il fut le premier promoteur du culte de saint Joseph dans l'Église, et de le nommer après un pieux écrivain (Faber) l'Apôtre, l'Évangéliste et le Théologien par excellence de Celui qui eut l'honneur d'appeler Dieu son fils. Gerson aimait trop Notre-Seigneur et son Immaculée Mère pour ne pas aimer saint Joseph ; s'il était éloquent, sublime, divin, quand il louait Jésus et Marie, il n'était pas moins ravissant et surtout profond quand il parlait de saint Joseph ; à tel point que tous ceux qui ont prêché ou écrit de ce saint Patriarche depuis notre Chancelier, n'ont guère fait que répéter ce qu'il en a dit et écrit en son temps.

Déjà, en l'année 1400, pleurant sur les maux dont était affligée l'Église par les contradictions amères que des ennemis lui faisaient souffrir, Gerson cherchait un protecteur, un appui et un consolateur dans le ciel ; il pensa ne pouvoir mieux choisir que de s'adresser à saint Joseph. Et voulant l'offrir à l'Église comme son patron et son libérateur en quelque sorte, il avait écrit une *Épître à toutes les Églises particulières* pour exciter à la dévotion au virginal époux de Marie, et faire célébrer partout sa mémoire. Maintenant, en 1413, c'est encore une *Épître qu'il adresse au duc de Berry* dont il était l'aumônier, le confesseur et le directeur ; il est doux, suave, onctueux, et pressant. La métropole de Paris,

Notre-Dame, avait reçu plus d'un gage de la piété et de la munificence du bon prince, de saintes reliques, de riches ornements... « Au nom de cette piété, le sublime Docteur l'exhorte à s'employer pour faire honorer saint Joseph. Il l'en supplie au nom du Sauveur, au nom de sa très-aimable Mère Marie ; au nom du Saint lui-même, de Joseph vierge, époux glorieux et gardien très-fidèle de la Vierge des vierges, de Joseph, gouverneur de l'Enfant Jésus. Tant de fois il a porté ce divin Enfant, tant de fois il l'a couvert de baisers et traité avec une familiarité qui devait faire l'admiration des anges ! Par ce moyen le prince gagnera de grands mérites devant Dieu, il honorera l'Église, réjouira les cieux, consolera les âmes et entourera son nom d'une auréole de gloire — Il en tirera plus d'avantages que de la fondation d'un obit pour le repos de son âme ; car Joseph sera pour lui un *Patron incomparable*, un *Ami généreux*, un *Intercesseur puissant* près de Jésus et de Marie pour le temps et l'éternité. »

Souvent il insinuait la dévotion à saint Joseph et à la sainte Famille, et plus tard, à Lyon, il suscita un mouvement extraordinaire de piété chrétienne envers le grand Saint, patriarche des patriarches, dans les cœurs des Lyonnais. Ce qui a fait écrire il y a un siècle et demi à l'auteur des *Recherches sur les antiquités de Lyon*. « On prétend avec assez de fondement que la première chapelle qui ait porté le nom de ce Saint, est celle qu'on voit sur le rivage du Rhône, *Saint-Joseph des champs*, vis-à-vis de Lyon. »

La terreur qu'inspirait le duc de Bourgogne, surnommé, à raison de son audace et de son pouvoir, *Jean-Sans-Peur*, n'avait pas empêché l'invincible et courageux Gerson de faire anathématiser l'apologie de Petit. Le meurtrier avait réussi, en salariant les intéressés dans sa cause, à faire casser par le Pape mal informé la sentence de l'évêque de Paris, comme empiétement sur les droits du Saint-Siége, ce que Gerson démontra être faux dans un savant *Traité sur les pouvoirs des Évêques* qui les constituent gardiens et juges de la Foi dans leurs diocèses. Le Chancelier fit si bien qu'il obtint de nouveau, en 1416, l'évocation de l'affaire, et la condamnation par le Parlement de Paris du plaidoyer de Petit, avec ordre de lacérer, en pleine audience, tous les exemplaires, et un arrêt contre ceux qui à l'avenir entreprendraient de renouveler et de propager une si exécrable doctrine.

Tandis que le Défenseur de la vérité frappait du glaive de la science et de sa vertu l'hérésie et l'immoralité, d'autres théâtres l'appelaient dans une lutte de tout autre genre. Son époque était toute de désunion, de scandales et d'abus, entretenus par une science vaine et par des nouveautés dangereuses, surtout par les conséquences de ce schisme persistant qui ruinait l'Église. On vit alors Gerson, sans faiblesse ni sans passion, mais avec une fermeté extraordinaire, détruire ces abus sans ruine et sans échafaud, réfuter une à une toutes les erreurs qui nous étonnent dans notre siècle. Docteur de la vérité, il n'hésita point à prendre parti contre son intime ami et vénéré maître d'Ailly qui venait d'être honoré de la pourpre; il écrivit un livre pour réfuter certaines de ses conclusions dans la question d'astrologie judiciaire, alors et longtemps encore en assez grande faveur dans les cours chrétiennes, par exemple en France, chez Charles VI. Au quinzième siècle, Gerson traita ces questions avec la supériorité et le dédain d'un Docteur du siècle où brilla le grand et pieux

Bossuet. Dans son *Trilogue de l'astrologie*, il parle savamment des astres et de leurs influences, des Anges même, et établit des principes sûrs contre cette vaine science qui occupait de très-grands esprits, puisque d'Ailly, surnommé l'*Aigle des Théologiens* et le *fléau des hérésies*, avait pris ces questions au sérieux. Dans un autre Traité: *Des erreurs à l'occasion des pièces de métal où étaient sculptées des figures de lion pour la guérison des maladies*, il combat la superstition d'un médecin de Monpellier, qui prétendait faire avec quelque succès usage de ces puérilités. Dans une autre, *Sur l'observance des jours*, il réfute les excentricités d'un autre médecin qui ne croyait à la vertu des remèdes qu'en les employant en des jours réservés. Enfin pour résumer ses savants travaux en ce point, dans un traité *Des erreurs de l'art magique*, il fait voir combien l'usage en est faux et criminel devant Dieu. Dans la *Réforme de l'Astrologie*, il dévoile les abus de ces sciences incertaines, frivoles, souvent nuisibles, et conclut qu'une vie sainte leur est infiniment préférable. Au point de vue philosophique surtout, son raisonnement est admirable.

« C'est par l'expérience, les lois morales et divines, dit-il, que l'humaine raison (*Humana ratione*) doit se diriger, et non par des superstitions ridicules... Qu'il faille renoncer à sa raison, abdiquer sa liberté et rejeter les conseils de la prudence humaine, pour suivre l'opinion ou plutôt le délire de quelques hommes qui s'imaginent avoir, je ne sais comment, lu des merveilles dans les astres ou ailleurs, cela est indigne, absurde, extravagant... Pourquoi chercher si loin des causes à des actions que le seul libre arbitre suffit à expliquer?... »

Les travaux du Chancelier si diversifiés pour combattre les préjugés et les erreurs, les hérésies et les

immoralités, fruit pour l'ordinaire de l'ignorance, nous
présentent en sa personne un homme complet, le plus
complet, affirme-t-on, de son époque. Il a su tout ce qu'il
était possible de savoir en Philosophie, en langues, en
Théologie, en médecine etc. C'était un merveilleux
Flambeau que la divine Providence faisait resplendir
avec éclat, pour éclairer l'Église et le monde dans la
nuit la plus ténébreuse qu'on puisse supposer; un Phare
brillant qui par l'essor surtout qu'il donna à l'éducation
religieuse et primaire de l'enfance, montra à la société
où elle trouvera le port du salut, sa sécurité et sa
gloire.

Tant de soins, de travaux et d'écrits, qui en eussent
occupé dix autres, moins zélés et courageux, tant pour
la glorification de l'Église, que pour la sanctification
des peuples, n'empêchaient pas notre Bienheureux de
s'employer activement à la réformation et à la perfection des religieux. Il était dans les meilleures relations
avec les ordres monastiques de son temps, principalement avec les Bénédictins, les Chartreux, les Célestins,
les Chanoines Réguliers de Saint-Augustin; il avait aussi
en grande estime les ordres religieux militants, les
Dominicains et les Franciscains, qu'il regardait comme
de puissants auxiliaires du Clergé, ce qu'il a bien prouvé
lorsqu'il a réconcilié les dominicains avec l'Université.
On prétend même que pour s'associer à l'apostolat et
aux prières des dignes enfants de Saint François d'Assise,
il avait embrassé son Tiers-Ordre. C'est pour les religieux
qu'il écrivit en divers temps de si beaux traités : *Des Conseils évangéliques et de l'État de perfection. — De la perfection des religions. — De l'étude des moines. — Des éloges des
moines écrivains*, adressé aux Célestins et aux Chartreux.
— Des livres qui peuvent être lus par les moines. — Sur

*les avantages de l'abstinence de la viande chez les Chartreux,
— Si c'est un devoir rigoureux d'entrer en religion quand
on s'y sent appelé ? — Propositions concernant l'usage de
la viande chez les religieux de Saint Benoît. — Contre les
profès désobéissants. — Du zèle et de la ferveur des novi-
ces. — Exhortation à un jeune Chartreux à persévérer dans
le service de Dieu. — Traité contre les religieux proprié-
taires, qui suivent la règle de Saint Augustin, etc. —
Enseignements moraux pour les religieuses, etc.*

Ces écrits, empreints de doctrine et d'onction, prouvent que le Chancelier n'était pas étranger à la vie monacale, et qu'il avait l'esprit et le cœur d'un vrai moine.
C'était un Docteur vraiment apostolique, qui embrassait
dans son cœur, aussi vaste que le monde entier, tous les
besoins des divers membres de la grande famille chrétienne. Qu'eût donc fait ce grand Génie si, cherchant le
repos de l'âme en Dieu par la contemplation, il n'eut
pu le trouver « que dans les petits coins, avec les petits
livres ! » Le traité de l'*Imitation* qui ne veut pas qu'on mette
toute sa dévotion dans des livres, etc, nous offre pourtant l'idée d'un Auteur qui a mené une vie extrêmement
militante, avant que de s'isoler vers la fin de sa carrière
loin du monde, dans le sein de la divinité ; l'idée d'un
homme brisé par les fatigues et les luttes de la vie, en
contact direct avec les hommes, tracassé par les em-
barras des charges et surtout par la violence de nombreux et puissants ennemis. Mais comment notre sublime
Gerson se conservait-il si pieux, si dévot, si uni à Dieu,
au milieu de tant d'écueils ? « En passant sans soucis
à travers les soucis de la vie », et, comme les grands
Saints, en s'appliquant à la prière continuelle, à la bonne
intention de plaire à Dieu et s'efforçant d'accomplir sa
volonté en toutes choses ; grand secret de perfection,

comme il l'enseigne dans une *Explication de ces paroles du Pater: Que votre volonté soit faite.*

Il voulait qu'on entretînt incessamment en son cœur le désir d'aimer beaucoup Dieu, de beaucoup faire, de beaucoup souffrir pour lui. Il comparait ces désirs à des ailes qui soulèvent l'âme vers le Ciel. « Que faire, dit-il, quand on n'éprouve pas de tels désirs ? Il faut alors désirer de désirer, et prier le Seigneur, d'exciter ces désirs en nous. »

Il insistait sur une grande confiance en la bonté divine : « Tant plus vous demanderez, tant plus vous aurez, disait-il dans sa langue maternelle, comme qui plus ouvre les fenêtres de sa chambre au soleil, plus reçoit de sa lumière.... » Voulant prévenir le découragement ordinaire quand on a prié Dieu longtemps sans se voir exaucé, il se sert de cette bien belle comparaison : « Dieu refuse quelquefois les prières de l'âme pour la rendre plus attachée aux biens qu'elle reçoit de lui, comme la mère souffre que son enfant crie après elle quand il l'a perdue, afin qu'une autre fois il se garde de la perdre et que plus soigneusement il soit près d'elle. »

La situation tant dans l'Église que dans l'État empirait toujours. L'abîme appelle l'abîme. Le schisme favorisait l'erreur et les superstitions ; les superstitions enfantaient les crimes, et les crimes inondaient le monde. Le peuple et les monastères, au rapport de l'*Imitation*, étaient plein de ces maux et de scandales, suites du relâchement. Avant d'aller plus loin, nous nous arrêterions volontiers à peindre cette époque de calamités, de désastres et de deuil. En France, à Paris surtout, Bourguignons et Armagnacs s'entretuaient par l'épée quand ils se rencontraient ; la révolution incessante bouleversait la Capitale ; le sang humain coulait par torrents dans les rues ; on pendait les uns, on tuait les autres ; on noyait ceux-ci, on précipitait ceux-là du haut des tours ; les gens les plus honnêtes, les bourgeois, les représentants de l'autorité étaient impitoyablement massacrés ; on ne faisait pas grâce aux petits enfants qu'on égorgeait dans le berceau, ou sur le sein de leurs mères affolées. Par surcroît, la peste ne discontinuait guère ; elle n'etait pas sitôt passée à une autre province qu'elle revenait en France, et des milliers de citoyens devenaient ses victimes. L'*Imitation*, en deux endroits, fait allusion à ces calamités réunies : « Comment, dit son saint Auteur, s'attacher à une vie remplie de tant d'amertumes, surchargée de tant de calamités et de misères ? Et comment même donner le nom de vie à ce qui n'enfante que tant de pestes et de morts ? *Tot generans mortes et pestes.*

Dans l'Église, la situation n'était pas moins affligeante pour les vrais fidèles. On comptait qu'après l'élection d'Alexandre V, à Pise, reconnu pape de Rome et légitime, le schisme s'éteindrait ; on avait calculé sans tenir compte des mauvaises passions et des partis d'autant plus ardents à la fin, que la situation n'était plus tenable. Nous ne dirons pas qu'il se trouvait trois Papes pour un, il faut être logique et dire deux anti-papes contre un vrai Pape, selon la règle alors suggérée par la nécessité et le bon sens : « Papes douteux, papes nuls. » Mais Grégoire XII et Benoît XIII n'avaient que simulé le dessein de céder et, depuis lors, retirés chacun avec quelques cardinaux, dans leur forteresse, ils s'échangeaient incessamment des anathèmes. D'autre part, Alexandre V étant mort, en 1410, on avait élu Jean XXIII pour lui succéder, mais les deux autres papes concurrents s'entêtèrent à vouloir conserver le souverain Pontificat malgré l'Église, fatiguée de leurs intrigues. L'état de l'Épouse mystique du fils de Dieu était alarmant, il fallait un remède prompt et surtout énergique. On le comprit enfin, et le pape Jean XXIII secondé et même poussé par l'empereur Sigismond, devenu aussi roi d'Italie, ordonnèrent les préparatifs d'un Concile dans la ville de Constance.

Depuis de longues années, l'éminent cardinal d'Ailly, évêque de Cambrai, souffrait des peines intérieures extrêmes. Vers 1408, il avait été emprisonné par l'effet d'une bulle lancée par Benoît XIII contre le roi et l'Université. Depuis lors un chagrin amer attristait continuellement son âme ; son cœur trouvait un surcroît d'affliction par la complication du schisme qui prenait des proportions effrayantes. Malgré la divergence et l'opposition même de vues sur les questions astrologiques qu'il avait avec son pieux disciple Gerson, l'éminent Cardinal ne lui avait pas moins conservé son amitié, réciproque du côté du Chancelier. Un peu avant le Concile désigné de Constance, il se trouvait malade, triste et découragé d'une étrange façon. Il écrivit à notre Bienheureux, en toute confidence : « Je suis livré au dégoût, à l'abattement et à la tristesse, je vous confie mes chagrins. Faites-moi un livre des *Consolations spirituelles*, » Gerson, en disciple dévoué, adresse à ce cher Maître, comme *à-compte*, selon qu'il s'exprime, ces belles Épîtres consolatrices qu'on voit au troisième tome de ses œuvres. Cet *à-compte*, dit-on, était de la part du Chancelier un engagement pris d'écrire plus tard ce livre demandé des *Consolations intérieures*. Ce livre que les affaires multipliées, épineuses, pressantes, où il était forcément mêlé, ne lui permettaient pas d'écrire alors, il le composera dans le calme, la solitude et la paix que lui ménagera l'exil, que nous lui verrons bientôt subir volontairement.

Tout est prêt pour le Concile de Constance ; les patriarches, évêques, ambassadeurs, les députés affluent de toutes parts dans la ville qui voit s'accroître sa population de cent mille étrangers, dont dix-huit mille figureront à l'assemblée de l'Église ; aucune autre jusqu'à nos jours n'a encore présenté une pareille solennité.

L'ouverture du Concile se fit le 3 novembre 1414, par le pape romain Jean XXIII lui-même, en personne. L'Université de Paris y envoya deux cents de ses docteurs. A leur tête était son auguste représentant, Jean Gerson ; il y allait comme chef de ce grand corps en sa qualité de Chancelier, comme ambassadeur du roi de France et député de l'Église de Sens, dont l'évêque de Paris était le suffragant. C'était une voix foudroyante qui menaçait de loin les faux papes ; c'était un oracle qui allait ouvrir la bouche au milieu de l'Église pour dicter des conseils pleins de sagesse et de modération dans la situation malheureuse où elle se trouvait. Enfin c'était une lumière, la plus grande au dire des contemporains, qui allait donner au saint Concile les leçons de son expérience et de son habileté pour arriver à l'extinction du schisme et à procurer à l'Église avec l'unité la paix.

Soit que l'illustre Chancelier eut quelque prévision qu'il ne reverrait plus son pays après le Concile, ou qu'il voulut encore une fois aller prier sur la tombe de sa sainte mère, en se rendant à Constance il passa à Reims, où le clergé le reçut avec tout l'appareil possible. Il était en singulière estime auprès de l'Archevêque et il dut assister avec solennité à un office célébré dans l'antique métropole. A Réthel, le clergé lui rendit les mêmes honneurs, et de là, Gerson se rendit à son pays natal. Le son harmonieux des deux cloches de Barby vint frapper ses oreilles. Comme cette symphonie ne s'épandait dans l'air qu'aux grandes fêtes, le saint Enfant de Barby demanda à un de ses secrétaires pourquoi l'on sonnait ainsi à grande volée ; celui-ci lui fit entendre que c'était pour fêter son arrivée. Puis il lui montra au loin la croix d'argent, les broderies d'or de la bannière du saint Patron qui brillaient à travers les arbres. Bientôt on put apercevoir derrière la bannière et la croix une masse compacte, c'était la chrétienne population de Barby. C'est qu'averti la veille de cette visite du plus saint de ses enfants, le village de Barby avait voulu lui faire la réception la plus magnifique, comme il l'eut fait à un prince de l'Église. En effet Gerson allait au Concile revêtu d'une triple autorité. Son arrivée à travers une double haie composée de gens venus de tous les pays à la ronde, prêtres, vieillards, hommes, femmes, petits enfants, fut une véritable ovation. C'est ainsi qu'il entra dans l'église au carillon des cloches pour adorer le Dieu qui avait réjoui son enfance. Nous ne doutons point que sur l'invitation du vénérable curé de Barby, le saint Chancelier monta en chaire pour remercier ces pieux fidèles, de l'empressement à lui faire un si bon accueil. Il les engagea à persévérer dans le service de Dieu, dans les saintes pratiques de la prière et de la résignation dans les épreuves de la vie. Et comme s'il ne dut plus les revoir, il leur fit des adieux si touchants que tous fondaient en larmes. Combien il devait être pathétique près de cette tombe où reposait le corps de sa mère chérie...!

Après avoir passé quelques jours dans sa famille, le

noble Chancelier reprit le chemin pour Constance, avec ses confrères. Il parut dans le Concile avec un éclat vraiment extraordinaire. Non seulement il eut part à tout ce qui s'y fit, mais encore ce fut lui qui donna le mouvement à tout, et il en fut considéré comme l'âme. Sa vaste érudition, son incorruptible vertu, l'éclat de sa sainteté qui désarmait ses ennemis, donnait à sa parole et à ses écrits une puissance, une autorité merveilleuses, sur les esprits et les cœurs. Il sortira du Concile couvert de gloire et de mérites, mais aussi marqué du sceau de la Croix et des ignominies de Notre-Seigneur Jésus-Christ. Sa gloire, il la fera rejaillir sur le Seigneur, et il répétera ce qu'il avait écrit dans sa *Montagne de la contemplation* et que nous trouvons à peu près dans les mêmes termes au livre troisième de l'*Imitation* : « Seigneur que toujours la louange et la gloire vous soient rendues, pour moi je ne mérite que la confusion. » Le calice de la douleur, il l'acceptera comme son divin Maître et le boira goutte à goutte jusqu'à la lie.

Pour résumer ses travaux, car enfin il faudrait plus d'un volume si on voulait entrer dans tous les détails si intéressants de ses actes et de ses écrits au Concile, nous parlerons d'abord des Traités qu'il y composa à la prière des Pères, puis de quelques circonstances où son influence servit le plus la cause même de l'Église.

Le plus célèbre de ces écrits est celui *De la puissance Ecclésiastique ;* lu en pleine session du Concile ; il eut encore, comme depuis il est arrivé à Saint-Thomas, pour sa Somme, l'honneur insigne de figurer au milieu de l'assemblée, à côté de l'Évangile. Son livre *Du discernement des esprits*, composé sur l'instance des Pères à l'occasion de quelques saints suédois, dont on avait prié le Concile de les canoniser, comme il a canonisé saint Roch, et dont

la cause fut confiée par lés Pères à Gerson. Chargé de
l'examiner, il le fit avec un immense talent et avec une
extrême prudence. Les Pères de la Compagnie de Jésus
admirent ce livre composé par le docte Chancelier, qu'ils
regardent comme le reflet d'une sagesse toute divine et tout plein des règles les plus sûres pour la direction des âmes. « C'est un plan général, disent-ils,
une méthode propre pour tous les temps. Avec les principes du saint Chancelier, il ne serait pas à craindre
qu'on donnât jamais dans la superstition, l'extrava-
gance et le fanatisme. » (*Hist. de l'Église.*)

La même sagesse reluit dans un autre écrit du Bienheureux : *De la distinction des vraies et des fausses visions,*
qu'il opposa aux nombreux visionnaires de son siècle.
Dans ces deux traités, loués par les cardinaux Bona et
de Turrécrémata, par Benoît XIV, ce pape si savant et
si judicieux, l'éminent Docteur montre, comme le dit
l'*Imitation,* que la vertu, la perfection et le mérite d'une
âme ne dépendent aucunement des visions, (dont le chanoine Thomas Kempis semble faire le plus grand cas
dans ses écrits propres,) et que pour quelques-unes de
vraies, un très-grand nombre sont souvent fausses, comme
l'a clairement prouvé le grand Évêque d'Orléans, en
s'autorisant du même Gerson. Enfin le *Traité de la
communion sous les deux espèces,* fut encore composé à la
demande et aux instances des Pères et lu aussi en plein
Concile, qui forma le célèbre décret qui interdit désormais aux laïques de communier sous l'espèce du vin et
sans être à jeun ; décret reçu, confirmé depuis par le
Concile de Trente et passé en loi dans l'Église. Nous
laissons de côté bon nombre d'autres écrits ou mémoires
que le Bienheureux a publiés, soit pour confondre les
hérésies condamnées au Concile, comme celle de Grabon

que la seule autorité et les conclusions du Chancelier
firent se rétracter, soit sur des points doctrinaux qui
devaient être traités dans les sessions.

Il n'est personne au courant de l'Histoire de l'Église
qui ne sache que notre saint Chancelier eut la plus
grande prépondérance dans tout ce qui se fit et se dé-
termina au Concile général de Constance. Son traité
De la puissance Ecclésiastique servit de règle en quelque sorte au concile, par une nécessité malheureuse,
alors supérieur à l'anti-papauté et même au Pape.
« Gerson lui-même a écrit que cette opinion ne fut
adoptée qu'à cause de la confusion et des désordres
causés par le schisme. » (L'abbé Brochard, *Cours d'Hist.
du moy. âge*, Chap. XXXV.) C'était le seul moyen d'arriver à mettre à la tête de l'Église un unique, vrai et légitime Pape, comme il se fit par l'élection du cardinal
Otton Colonne, qui prit le nom de Martin V. Mais ce Pape
ne fut élu qu'après toutes les formalités et les ména-
gements possibles pour porter les trois papes à la cession
volontaire. Grégoire XII, et même Jean XXIII, considéré
par Rome comme légitime Pape jusque-là, se démirent
volontiers, ce dernier fut créé par Martin V doyen du
Sacré-Collège. Quant à Benoît XIII, il s'obstina et mou-
rut excommunié. C'est bien à tort et avec une suprême
injustice, que l'esprit de parti ou la malveillance a tenté
en ces derniers temps de présenter notre Docteur très-
chrétien et sincèrement romain, comme un défenseur et
même le patriarche des libertés gallicanes. De bons
historiens l'ont dignement vengé de cette injure immé-
ritée. Avant lui d'autres théologiens avaient tenu le
Concile général pour supérieur au Pape, et un docte et
pieux écrivain nous a fait connaître que c'est Hincmar,
archevêque de Reims, qui est le père du Gallicanisme.

(M. l'abbé Vidieu : *Hincmar de Reims*, part. I, chap. III.)

Maintenant que l'Église a parlé, la cause est finie, et si le Chancelier de Paris eut vécu à notre époque, il eut plus vivement que nous acclamé l'infaillibilité du Souverain Pontife décrétant *ex-cathedra*. Au reste Gerson distingue. Parlant des temps ordinaires : « Il faut bien avouer, dit-il, qu'un Concile général ne saurait être célébré sans la convocation du Pape ou sans son approbation, si le pape est unique, ou qu'on ne puisse élever contre lui d'allégation légitime.» (*De auferib. Papæ ad Ecclesia.*) Un grand archevêque de Malines, Mgr de Bossu, prélat domestique de la maison du pape, dit très-bien (dans son *Traité du schisme*, chap. VIII) que « le sentiment de Gerson ne peut en rien favoriser les libertés gallicanes. Il enseigna ce sentiment dans un temps de schisme, et pour faciliter les moyens de terminer le schisme que l'opiniâtreté des prétendus papes faisait durer depuis longtemps. Il est hors de doute, conclut le prélat, que quand on ne sait quel est le vrai pape, le Concile est alors supérieur au Pape ; et si Gerson a étendu plus loin ce sentiment, ce n'était que pour mieux établir l'autorité du Concile pour terminer le schisme.» (Voyez aussi Mgr Chaillot, *Analecta Juris pontificii*, CLXIIᵉ. Livr. Juillet-Août 1879). L'influence de notre Bienheureux se remarqua surtout dans la condamnation des erreurs de Wiclef et de Jean-Hus, erreurs qu'il regardait comme des plus funestes, et qui, en effet, devinrent le germe du protestantisme et de la libre pensée ; dans la condamnation des erreurs de Jérôme de Prague, de celles de Mathieu Grabon, des Flagellants; dans la poursuite des doctrines meurtrières du docteur Jean Petit et de Jean de Falkemberg qui recommandaient le tyrannicide. Il posa des règles sûres pour procéder à la canonisation des Serviteurs de Dieu ; il gagna devant le Concile la cause de la congrégation des Chanoines-Réguliers, dont Thomas Kempis faisait partie, et qui était vivement attaquée par un dominicain, comme nuisible aux ordres canoniquement institués. Enfin il sollicita et obtint des Pères de Constance des règlements pour la fréquente tenue des conciles à l'avenir, et s'employa avec une activité, soutenue d'un zèle admirable, à la réformation des mœurs de l'Église, s'opposa de toutes ses forces au mariage des prêtres que l'empereur Sigismond aurait voulu obtenir du Concile, et, dans un discours en pleine session, il insista sur la nécessité d'imiter Notre-Seigneur. « Heureux, s'écria-t-il, celui qui se fait l'imitateur de Jésus-Christ, *Felix qui Imitatus fuerit Christum !*» Déjà, dans un sermon, il s'était écrié : « Que la malédiction retombe sur ceux qui n'imitent point la vérité de la vie de Jésus-Christ !... »

Sans contredit, l'une des plus belles auréoles de gloire que s'acquit l'incomparable Docteur, (comme le nomme Mgr Guillon (*Biblioth. des pères de l'Égl.*, tome XXIV.) à Constance, c'est l'initiative qu'il prit de demander à l'Église elle-même l'institution d'une fête destinée à honorer la mémoire et les grands mérites de saint Joseph. Déjà le Chancelier avait écrit à toutes les Églises du monde pour préparer les esprits à une manifestation catholique à l'égard du père nourricier du Fils de Dieu et époux de Marie ; déjà il avait composé un office complet en l'honneur de ce grand Saint, le premier qui ait paru, et si nous croyons le père Lambillotte, l'Hymme *Te Joseph celebrent* est l'œuvre du pieux Gerson. Cette fois, au Concile, il proteste contre l'oubli dans lequel on laissait saint Joseph, et, pour arriver plutôt à la réalisation de son grand désir et de ses vœux, c'est saint Joseph qu'il propose à l'Église comme son médiateur, son protecteur et son libérateur auprès de Dieu. Après avoir soutenu la sanctification de saint Joseph dans le sein de sa mère et célébré ses grandeurs et ses gloires :

« Mon grand désir, s'écria-t-il, est de voir se célébrer dans l'Église une solennité nouvelle, soit en l'honneur du mariage de saint Joseph, soit en mémoire de sa bienheureuse mort, afin que par les mérites de Marie et par l'intercession d'un patron si puissant qui exerce une sorte d'empire sur le cœur de son épouse, *l'Église soit rendue à son unique époux, le Pape certain qui tient auprès d'elle la place du Christ.*»

Ce discours du grand Docteur, tout plein des plus beaux éloges de la bienheureuse Vierge Marie et de son virginal époux, et qui, dit le cardinal Pie, est pour nous un précieux document théologique (*Instr. Past.* sur saint Joseph) fut, d'après Benoît XIV, vivement acclamé et approuvé de l'Église entière assemblée en Concile géné-ral: *Sermo fuit pergratus toti Ecclesiæ in Concilio congregatæ,* (*De beatific.*,lib. IV,) ce grand et docte pape tenait pour œcuménique le Concile de Constance qui représentait toute l'Église. Cette autorité est sacrée; elle tourne à la gloire de saint Joseph et à celle de son plus illustre avocat.

Les paroles prophétiques de Gerson se réalisèrent; il fut l'heureux témoin de l'élévation de Martin V au souverain Pontificat et vit avec l'unité la paix enfin donnée à l'Église. Un regret pourtant l'affligeait extrêmement, celui de voir la réformation différée.

De son côté, l'humble et zélé Chancelier avait fait tout ce qu'il avait pu faire : sans cesse il était revenu à ses projets de réforme. Comme s'exprime un historien : « Il eut pendant toute sa vie la pensée sincère de sauver l'Église, il y travailla plus qu'aucun autre, durant plus de trente années de sa laborieuse existence ; l'Église ne voulut accepter qu'en partie le secours qu'il lui portait dans le naufrage dont elle se trouvait menacée, vint l'hérésie de Luther qui fit la réforme non dans l'Église, avec l'Église et pour l'Église, mais en dehors de l'Église, sans l'Église et contre l'Église, et le Concile de Trente fut impuissant à l'exterminer. »

Toutefois, l'Église sut tenir compte du zèle et des travaux de l'éminent Chancelier, elle acclama le titre glorieux dont le décora le cardinal Zabarella, archevêque de Florence, en plein Concile, « du plus excellent Docteur de toute la chrétienté, (*super excellens doctor christianitate*), » d'où le titre de *Docteur très-chrétien*, (*Doctor christianissimus*) qui lui est resté comme hommage unique dans la chaîne des Pères et des Docteurs de l'Église.

Gerson méritait à bien des égards ce titre si glorieux, ratifié par le pape Benoit XIV. Prêtre vertueux, colonne restée debout dans un temple en ruines, il avait fait preuve d'un courage vraiment chrétien et héroïque en maintes circonstances, surtout en poursuivant à ses frais, jusqu'à la fin du Concile, la condamnation du tyrannicide dans la personne de Jean-Sans-Peur et de son apologiste. Quand on sait combien ce prince était devenu fort, puissant et redoutable, surtout depuis qu'il s'était emparé de l'autorité royale sous le nom d'Isabeau de Bavière, et combien il était secondé par de puissants amis, on s'étonne d'un tel courage chez notre bienheureux Gerson. On peut se faire une idée des nombreux ennemis qu'il s'était faits, en combattant tant d'erreurs, de préjugés, de scandales, de crimes mêmes.

Le 22 avril 1418, eut lieu la dernière cession du saint

Concile. Avec sa clôture fut terminée l'ambassade et la mission de l'illustre Chancelier, qui sortit de la célèbre Assemblée couvert d'une gloire incomparable. Mais bientôt il déposera cette gloire au pied de la Croix pour se revêtir des livrées de Jésus-Christ, la pauvreté, le mépris et la douleur, dont il fera les compagnes de sa vie jusqu'à son dernier soupir.

Maintenant surtout, Gerson appartient moins que jamais à la terre, son esprit est constamment tourné vers les choses éternelles, et selon sa sublime devise : *Sursum corda!* son âme se laissera aller sans réserve vers les rivages de la Patrie céleste. Nous verrons comment l'amour divin, après l'avoir fait vivre, sera assez puissant pour lui faire vaincre la mort, comme s'exprime saint François-de-Sales, après qu'il l'aura rendu supérieur au monde et à lui-même.

LIVRE TROISIÈME

Après la cloture du Concile, les Pères et les Princes s'en retournèrent dans leurs foyers. Gerson avait une autre destinée. Il devait exprimer en sa personne le parfait imitateur de Jésus-Christ, selon le programme qu'il avait formulé durant le Concile : *Imitons le Christ !* heureux qui se fait imitateur de Jésus-Christ ! *Felix qui imitatus fuerit Christum ! (Proposit. facta coram concil. generali Constantiensi. (oper.* 11, 321.) Sachant que le prince sanguinaire, Jean-Sans-Peur, avait juré sa perte et que ses nombreux partisans ne manqueraient point de l'exécuter s'ils le rencontraient, il suivit le précepte du Seigneur : « Quand on vous persécutera dans un lieu, fuyez dans un autre. »

Dans le but surtout d'éviter un nouveau crime à son persécuteur, «tandis, que le Pape, l'Empereur, les Pères et

les princes s'en retournaient avec pompe du Concile, lui,
Gerson, prenait la route de l'exil, « aimant mieux, selon
les termes de l'*Imitation*, être exilé ou pélerin sur la terre
avec Dieu, » c'est-à-dire avec sa grâce et son amour,
« que de posséder le Ciel sans Dieu, » c'est-à-dire tous les
avantages les plus désirables en ce monde, sans cette
grâce et cet amour. Cette épreuve le faisait participer
volontairement à la récompense des Saints, ici-bas ; la
pauvreté, le mépris, la douleur, qu'il embrassa généreusement à l'*imitation du Seigneur Jésus*.

Après avoir échangé ses vêtements contre ceux d'un
mendiant, il sortit de Constance, le 6 mai, accompagné
de ses deux secrétaires au Concile, André et Ciresio, et
d'un petit chien, symbole de sa vigilance et de son zèle
dans l'Église de Dieu. Presque sexagénaire, l'auguste
exilé les reins ceints d'une corde passée autour de son
cou porte d'une main un gros bâton ferré, et de l'autre
ses armoiries qu'il avait composées à Constance à la sollicitation des Pères. « Il est représenté avec raison, dit
Mgr Bourret, sous la forme d'un pèlerin qui marche
vers l'éternité, emportant les emblèmes du temps sous
son bras, expression de sa pensée sur la vanité des choses humaines et l'ingénieuse interprétation de son nom.»
C'est à ces titres que ses armes lui sont si chères. Elles
jouent aussi un rôle important dans sa vie, comme il
l'exprimait, l'an 1416, écrivant à son frère Jean, Célestin, à Lyon.

« J'ai, lui dit-il, cédé à la curiosité ou à la vanité, ou
plutôt, comme j'en ai la confiance, à la charité de Celui auquel j'ai dit : « Vous êtes le Dieu de mon cœur !
mon Dieu et mon partage pour l'éternité !... » Et je me
suis tracé des armes, un écu, gage et garantie de mon
amour et de ma foi, emblème de cette milice qui m'est

nécessaire et propre dans la vie présente sur terre où, selon Job, « l'homme est soldat. »

« Je réfléchissais longuement avec moi-même. Enfin, mon esprit s'est élevé à cette pensée affectueuse, il s'est figuré un cœur ailé et enflammé, marqué d'un Thau (T la croix) d'or, en champ éthéré de saphir où rayonnent en or le soleil, la lune et plusieurs astres.

« Pélerin et étranger (c'est ce que Gerson signifie,) j'ai voulu méditant sans cesse là-dessus, me ressouvenir de la céleste parole de Paul pélerin : « Notre vie est au Ciel ! »

« Certes ma méditation ne m'a pas trompé. « Car vous, Seigneur vous dilatiez mon âme, » tandis qu'il lui était donné de promener son libre essor à travers les plaines immenses des divines Écritures, où le cœur moissonne tant de paroles vivifiantes et efficaces sous la diversité des sens allégoriques, moraux ét mystiques, source de fécondes jouissances, et où l'écho résonne de l'appel de l'Église, *Sursum corda!* « En haut les cœurs ! »

Le saint Exilé a reçu la Croix du Seigneur Jésus avec toutes les ignominies et les douleurs dont elle est accompagnée, de la main de ce bon Maître. Il déclare dans un traité: *Du portement de la Croix du Christ,* qu'il y trouve, avec la sécurité, la sainteté ; et dans un charmant poëme : *Les éloges de la Croix,* il en chante les délices.

Le plaindre dans cette séparation entière des honneurs, des dignités, des biens de ce monde, dans ce dénûment extrême où il se trouve réduit en traversant la forêt noire et gravissant les montagnes du Tyrol, serait méconnaître son estime de la souffrance, sa résignation dans l'épreuve qu'il supporte courageusement, avec joie

et reconnaissance, en vue de Dieu et dans l'union à son
divin Fils, Jésus crucifié.

Malgré ces saintes dispositions, la souffrance,
comme le dit en maints endroits l'*Imitation*, n'étant
pas naturelle à l'homme, et d'ailleurs voulant éviter
un meurtre à son persécuteur, le Chancelier voyage avec
précaution pour n'être pas reconnu. A chaque pas dans
la forêt, sur le bord des précipices, derrière et à travers
des halliers, au moindre bruissement des feuilles, il
croit entendre les satellites de Jean-Sans-Peur ; d'un caractère fort timide, ainsi qu'on l'a montré ailleurs, il
s'imagine les voir fondre sur lui, comme sur une proie
qui ne peut leur échapper. Saisi d'épouvante, ses genoux chancellent, mais fort dans la Foi il prie Dieu
qui ne l'éprouve que parce qu'il l'aime : « Père aimable, s'écrie-t-il, me voici réduit dans une grande extré-
mité, sauvez-moi ! »

Et le Seigneur, pour rassurer son humble Serviteur,
lui répond par l'organe de son Ange, qu'il rend visible
à ses yeux corporels : « Mon fils, que votre cœur ne se
trouble et ne craigne point ; je suis plus prêt de vous
que jamais, ayez confiance en mes miséricordes. Qui
êtes-vous donc pour trembler devant un homme, cet
être périssable qui est aujourd'hui et qui demain a disparu ? Craignez Dieu, et les hommes n'auront plus de
menaces qui puissent vous faire trembler... Que si vous
paraissez succomber maintenant... ne vous en irritez
pas : l'impatience diminuerait l'éclat de votre couronne.
Plutôt levez les yeux au ciel, vers moi, je saurai bien
vous tirer de l'opprobre et de l'injustice, et rendre à
chacun selon ses œuvres...» (M. l'abbé Delaunay, *Gerson:
De l'Imit. de J.-C.*, liv. III, chap. xxxvi.)

En effet, cet homme mortel, Jean-Sans-Peur, qui faisait trembler ceux qui n'étaient pas dans ses faveurs, devait disparaître bientôt par une mort aussi soudaine et sanglante que celle qu'il avait fait subir au duc d'Orléans. Ainsi les jours d'exil du Bienheureux sur la terre étrangère seront abrégés.

Toutefois l'humble disciple du Christ confesse que Dieu est juste, et que les châtiments qu'il éprouve il les a bien mérités (*Ibid.*, chap. XXIX). Il embrasse de nouveau et de grand cœur la Croix qui lui est imposée par le bon Maître, au service de qui il s'est dévoué. Chemin faisant, toujours dirigé par l'Ange du Seigneur, dont il éprouve aussi les consolations, comme le représente son image (l'*Icon peregrini*,) gravée à l'époque de l'exil du chancelier), il fait trève aux amertumes de sa vie en chantant dans un style poétique, la vie, l'exil et les épreuves de la sainte Famille de Nazareth, pour soustraire le Fils de Dieu à la tyrannie aussi d'un prince cruel, Hérode. Il s'unit et s'identifie si intimement à cette *Trinité vénérable, Trinité de la terre*, comme le premier il l'a qualifiée, qu'il semble que les âmes qui animaient Jésus, Marie et Joseph dans leur exil, sont passées toutes entières dans son poëme *Josephina*, long de quatre-mille six cents vers. C'est aussi dans ce poème qu'il faut étudier la belle âme de notre saint Pèlerin, appelant pour charmer ses ennuis le doux Ange de la poésie et de la prière. Nulle part ne transpire mieux son amour de la sainte Famille, dont il pleure les anxiétés, les cruelles souffrances. Il s'agit des préparatifs du départ :

« O vierge bénie, dit-il, comment pourrais-je raconter vos angoisses maternelles ?... En proie toute entière à un amer déchirement du cœur, Marie verse d'abondantes larmes ; elle tombe à deux genoux devant le berceau où repose son Fils bien-aimé, et le contemple un moment sans prononcer un mot dans son amour désolé. Les sanglots s'échappent de son cœur, et d'une voix composée de soupirs : « O mon cher enfant, s'écrie-t-elle, qu'allons-nous devenir ?... »

Voici la scène de départ. — « Y a t-il, je vous le demande, un spectacle plus triste et plus désolant ? Retenez, si vous le pouvez, vos larmes, à la vue de ces trois Créatures, qui s'échappent furtivement pour éviter de grands malheurs. Les voilà qui s'éloignent !... »

Plus loin : — « Nos voyageurs suivirent pendant tout le jour des sentiers détournés, et quand la nuit commença d'étendre ses voiles sur la nature entière, ils dirigèrent leurs pas vers une pauvre demeure, car ils étaient fatigués, et la bête de somme elle-même avait besoin de repos. Joseph alla frapper à la porte d'une cabane isolée au milieu des champs, pour demander une hospitalité qui lui fut cordialement accordée. Il prit dans ses bras le petit Enfant, qui ne put se résoudre à quitter le sein de sa Mère sans pousser quelques vagissements, puis, avec un empressement affectueux, il aida sa sainte Épouse à descendre de l'humble monture, qui d'elle-même se dirigea vers l'étable.

« A l'instant le foyer s'allume, le repas des hôtes se prépare, mais en attendant la Vierge-Mère prodigue à son bien-aimé nourrisson tous les soins de la maternité. Elle l'embrasse mille fois à travers ses larmes, le réchauffe sur son sein, le revêt de nouveaux langes, prend dans ses mains virginales ses petites mains, les mains de son Dieu, pour leur communiquer une plus vive chaleur... »

Puis, dans une de ces enivrantes extases d'amour, le séraphique Gerson s'écrie : « Que ne m'est-il permis de vous contempler, ô le plus beau des fils des hommes ! Que ne m'est-il donné de voir vos membres délicats, et jouir de la vue de ce doux sourire qui réjouit les anges du ciel et fait oublier à votre Mère et à Joseph toutes leurs fatigues... »

C'est ainsi que notre saint Exilé s'identifie en quelque manière à Jésus, Marie et Joseph ; il partage avec leur exil, leurs peines, leurs sacrifices et leurs joies. Après avoir dit qu'il lui semble entendre sortir des lèvres inspirées de la Vierge ces suaves accents qui frappent ses oreilles comme une douce harmonie, il ajoute : « Je sens que mon âme s'attache aux pas de ces saints voyageurs et ne peut se résoudre à s'en séparer. J'aime à les contempler, j'aime à les entendre ; j'aperçois quelquefois des larmes, mais à travers les pleurs, je découvre de suaves sourires. — Leur conversation est comme un hymne chanté à deux chœurs dans un pieux monastère... »

Le sublime philosophe autant que poète divin, a mis plus que de la poésie dans ce chant de l'exil, il y a aussi laissé des traces de ses larmes. Il s'écrie en un certain endroit : « Je plains le cœur que ces scènes n'attendrissent pas ! » On y trouve également l'empreinte d'une céleste philosophie. Il faut lire ces belles pages sur l'épreuve si salutaire aux méchants que Dieu veut punir et aux justes qu'il veut éprouver, qui apporte tant de bien à l'âme qui la reçoit avec générosité... ; sur la liberté de l'homme et les suprêmes remèdes que la divine Providence procure aux éprouvés qui s'humilient sous la main du Seigneur...

Par l'efficace protection de la Vierge Marie et de son virginal Epoux, le saint exilé éprouva lui-même la vérité de sa parole ; « Dieu n'a qu'à vouloir et le secours

le plus inattendu peut aussitôt se présenter à celui qui
l'invoque. » Il se trouva tout à coup, pendant une
nuit sombre, assailli par des tourbillons de vent et
de pluie qui lui firent perdre sa route. Épuisé de fatigues, égaré, sans secours, dit-il, il s'adressa à saint Joseph et à la Vierge Marie. A peine finissait-il son invocation, que s'ouvre devant lui une maison, où il reçoit
de ces deux saintes personnes la plus cordiale hospitalité. — « Pauvres voyageurs que nous sommes tous,
conclut-il, comment, après cela, désespérerions-nous au
sein des tempêtes de la vie, d'arriver enfin au port si désirable du salut ?... » (*Josephina.*)

C'étaient ses pensées si belles et si consolatrices qui
occupaient et charmaient notre Gerson, et nous ne savons comment certain écrivain pieux a qualifié cet exil
« de malheur de la vie du saint Chancelier, » lui qui enseigne dans ce même poème, « Que l'âme se fortifie dans
le creuset de la tribulation ; qu'on n'est jamais complétement exilé dans un pays où l'on trouve Dieu ;
qu'avec Dieu on se sent toujours un peu dans sa patrie... » Il est vrai que la tristesse est empreinte à tout
ce qu'il écrit depuis le commencement de sa vie apostolique, où les maux de l'Église lui déchiraient l'âme ; mais
nulle part nous ne voyons ses larmes couler sur son in-
fortune. Notre Bienheureux était homme, et comme tel
sensible aux maux de sa Patrie, mais aussi il était saint,
et comme saint dévoré de zèle pour l'Église et les âmes :
de-là son affliction. Suivons-le traversant les forêts,
mélancolique, l'âme pleine de tristesse, et les yeux
gonflés de pleurs, au souvenir de sa France bien aimée,
et surtout de Paris ravagé par l'insurrection, les mas-
sacres, les raffinements de la rage et de la cruauté
populaires des plus horribles, à tel point qu'un au-

teur contemporain affirme que, « dans la cour des prisons, on avait du sang jusqu'à la cheville du pied. » Mais loin de la France, Gerson ne l'oublie pas ; souvent il tourne sur elle ses regards, mais c'est pour pleurer sur les maux qui l'accablent, comme Jérémie sur Jérusalem. A la pensée de ces maux qui déchirent sa Patrie, ce cœur compatissant dont l'essence est l'amour, s'écrie : « France, qu'est devenue ta piété, ta foi antique ?... Tes enfants subissent la mort ou l'exil. Dieu puissant, que de théologiens, que de pontifes ont péri pour ta loi imprimée dans leurs cœurs ! Combien gémissent emprisonnés par une rage cruelle ! D'autres ont fui, ils habitent des terres lointaines, protégés par l'exil mais dénués de tout, et parmi eux le Chancelier des douces études à Paris ; il s'est éloigné, il est devenu étranger sur la terre.»

Ces paroles sont de l'un des meilleurs fils de la France, son honneur et sa gloire. « Il avait toujours eu soin pour éloigner les guerres extérieures avec les anglais, les sarrasins, les flamands, dit Mgr Bourret, de conseiller la paix, la modération, le respect des traités et la pratique des vertus chrétiennes, qui en sont la meilleur garantie. » Ainsi le saint homme pleure les ruines de sa chère Patrie, et met un divorce éternel entre le monde auquel il a dit un ascétique adieu et lui-même ! Ces expressions ne sont pas surfaites chez notre illustre Exilé, elles coulent de source, et nous y retrouvons l'écho de ses pieuses antipathies contre ce qu'on appelle renommée, gloire humaine et célébrité... Qu'il renonce désormais à être quelque chose dans l'estime et l'affection des hommes, c'est ce qui est indubitablement prouvé par ce qu'il écrivait, perdu alors dans les montagnes de la Bavière, à ses deux frères Célestins, à Lyon, sous la règle de Saint-Benoit.

« La grâce et la paix à vous, Frères bien-aimés. Je vous en prie et conjure par vos saints engagements, et par la mémoire des biens éternels, vous que tout oblige à dire. « Notre vie est au Ciel. » — Gardez-vous de vous inquiéter en quoi que ce soit, touchant ma pérégrination, sur mon état d'aujourd'hui, sur mes épreuves de demain... Pensez à moi, comme si j'étais mort, comme si vous m'aviez perdu sur cette terre. (*Sed existimantes me quasi mortuum et perditum super terram totam.*

Et de qui le bienheureux aura-t-il appris cette leçon de mort, si ce n'est de l'Ange qui lui représentait le Seigneur et qui lui a fait écrire dans l'*Imitation* : « Mon fils, il y a bien des choses qu'il vous faut oublier, et vous ne devez vous estimer sur la terre que comme un mort, pour qui tout le monde (c'est-à-dire richesse, honneurs, plaisirs, amitié, sciences) est crucifié. »

« Tournez, ajoute l'Exilé à ses frères, tournez toute la vivacité de votre souvenir à demander pour moi ce qui maintient la paix en Jérusalem, la Jérusalem du cœur et la Jérusalem d'en-haut, notre mère et notre Patrie. De votre côté, que vos lettres sollicitent aux mêmes intentions, notre Frère, l'aîné après moi, le bénédictin de Reims, et nos sœurs ensemble, et en particulier, comme aussi tous ceux que nous connaissons dans le Seigneur, *trop nombreux* pour que je puisse les nommer ici.

« A travers et par dessus toutes les leçons, que je me fais pour bien vivre, je m'en suis proposé une qui est comme un dernier adieu, et le mémorial de l'heure suprême. J'y rattache mon exercice fréquent, et je vous le transmets dans votre langue... »

C'est bien encore l'écho de ses sentiments dans un poème qu'il adressa au Cardinal d'Ailly, intitulé : *Comme quoi cette vie n'est qu'un songe.* Une peine non moins amère que la pensée des maux qu'endurait sa patrie, lui pesait sur le cœur, c'était les oppositions qu'il avait rencontrées au Concile de Constance, touchant la réformation de l'Église et qui avaient empêché l'exécution de ce projet, but de tous ses travaux antérieurs. Les conséquences de cette mesure devaient être fatales, comme on l'a vu depuis par l'hérésie de Luther. Gerson s'en plaint dans le *Dialogue du Pélerin*, mais sans violences et sans injures à l'égard de qui que ce soit. C'est que sa douleur ressemble à ces sources qui coulent dans l'ombre mais ne murmurent pas. Il n'y parle qu'avec les termes les plus respectueux de Martin V qui avait éludé cette réforme.

« Je n'accuse point le Concile, dit le zélé Docteur, plein d'un incomparable amour pour l'Église, je ne veux point ouvrir la bouche contre notre très-Saint Père, qui est l'Oint du Seigneur, le Vicaire et représentant du Christ, mais il s'est trouvé là des gens pleins de passion, peu zélés pour la cause de la Foi, esclaves du respect humain, et déterminés à prendre le mauvais parti dans cette affaire... »

Ces regrets, ces plaintes, nous les avons entendus sur les lèvres d'un saint Vincent Ferrier, et avant lui sur celles d'un saint Bernard, d'une sainte Catherine de Sienne.

Quant à Gerson, se sentant dépaysé en ce monde, et depuis longtemps atteint de la nostalgie céleste, il jouit à plein de la solitude ; il oublie le monde en se rapprochant de Dieu. Parfois une joie indicible inonde son âme sainte.

« Il a vu, dit-il, dans ses *Consolations théologiques*, régner la discorde et l'iniquité au milieu de son peuple ; de toutes parts des piéges lui étaient tendus, et, comme

l'oiseau échappe aux liens de l'oiseleur, il s'est dérobé
au naufrage, emportant du moins avec lui l'espérance. »

Heureux de suivre le Christ, dépouillé de tout dans le
désert de la vie, le saint Exilé à l'âme aimante et dévouée, n'oublie pas son peuple chéri, ni l'Église qui ont
besoin des consolations célestes. Il écrira des pages palpitantes de piété et d'onction, tandis que son Génie
contemplatif s'épanouira en présence des grandes
scènes de la nature ; ses mémoires, ses pensées que lui
inspire sa situation, ses divins monologues avec Jésus-
Christ qui lui parle par l'Ange et qui le consolent lui-
même devront, sans qu'il s'en doute peut-être, car il n'a
d'autre ambition que d'être désormais ignoré, oublié, et
méprisé, consoler plus tard, quand le secret sera levé,
l'humanité souffrante.

Dans sa route, il contemple sans doute les magnifi-
cences de la nature ; son âme si tendre qui n'avait ja-
mois oublié les charmes de la vie champêtre qu'il goûta
dans son enfance, s'extasie encore à la vue des astres
qui brillent au firmament durant les nuits, des scènes pit-
toresques que lui offrent ici ces arbres séculaires, là ces
montagnes et ces énormes roches, plus loin ces casca-
des, ailleurs ces antres ténébreux de la Forêt-Noire et de
la Bavière. C'est alors que son âme s'exaltant dans le
Seigneur, il s'écrie : « Voilà le ciel et la terre que vous
avez créés pour le service de l'homme ; ils sont toujours
prêts et sans cesse ils accomplissent vos ordres. » Puis
songeant au saint Ange qui le précède. « Mais ce que
j'admire au-dessus de ces merveilles, c'est que vous avez
ordonné à vos anges de servir l'homme. Quelque chose
de plus sublime encore, c'est que vous, mon Seigneur,
vous vous soyez fait le serviteur même de l'homme... »
(*Imit. Christi, lib. III, cap.* X.)

L'itinéraire du Pélerin chrétien vers le ciel est tracé ; à mesure que notre saint Gerson voyage il y ajoute, comme l'attestent ses mémoires, d'après les impressions du moment, tantôt militantes, tantôt calmes, tantôt affligeantes, tantôt consolantes, une pensée, une maxime, une prière, un cri du cœur, un gémissement de l'âme, un cantique de joie, de reconnaissance, et d'amour ! Ce livre, ou mieux ce recueil plutôt qu'un livre, portera tous les dialectes des lieux où notre pélerin Gerson a vécu pleuré et prié, et sanctifié le sol par l'empreinte de ses pas, tantôt en France et tantôt en Flandre, tantôt à Rome et tantôt en Allemagne ; car Constance et même cette partie de l'Autriche, Mœlck et Vienne, où nous allons voir le Serviteur de Dieu, appartenaient en ce temps-là à l'empereur d'Allemagne.

Ainsi arrive-t-il à l'abbaye bénédictine de Mœlck avec son secrétaire Cirésio ; son autre secrétaire, le cher André, il l'avait vu mourir, non sans douleur, dans les privations de l'exil. Là, parmi ces moines la plupart italiens, il est reçu en frère, il y était connu de réputation. A Constance il avait contracté une sainte amitié avec l'abbé du monastère qui s'était trouvé au Concile. Sa joie fut extrême lorsqu'il se vit admis parmi les moines, chantant avec eux, priant avec eux, comme s'il avait été l'un d'eux. Dans cet asile de paix, Gerson aurait, assure-t-on, recueilli ses principaux mémoires, pensées, maximes, en la forme où est le troisième livre de l'*Imitation* et qui était alors le premier. C'est réellement le livre de l'exilé et du pélerin, dont il laissa une copie à l'abbaye.

L'archiduc Frédéric souhaitait qu'une si éclatante lumière vînt éclairer son Université de Vienne. Il pria notre Chancelier de vouloir bien satisfaire ce vœu qui lui était si cher. Gerson alla à Vienne, assure-t-on, mais n'y resta point. Il se trouvait hors de son centre, il soupira après sa chère solitude et revint bientôt à Mœlck, à peu de distance de cette ville. Tout entier à la contemplation des choses divines, et aux observances de la règle de saint Benoit, dont, à l'exemple de tant de grands hommes de l'Église et du monde, il avait fait le code moral de sa perfection, il apprend vers la fin de l'année 1419, que son persécuteur, « cet homme mortel, » terriblement redoutable, n'est plus, qu'il a reçu à Montereau la récompense de son crime sur la personne du duc d'Orléans.

Jean-Sans-Peur est mort, Gerson pleure sa pauvre âme qu'il recommande à la miséricorde de Dieu. La France se rouvre pour le plus noble et le plus illustre de ses fils, aussitôt ses regards et bientôt après ses pas se tournent vers elles. Il part non sans les regrets de l'abbé et de ses moines, regrets réciproques de son côté. Il resterait volontiers à Mœlck, mais l'Archevêque de Lyon qui l'avait si bien connu et apprécié à Constance, mais son frère, prieur d'un monastère dans la même ville, l'appellent, l'un et l'autre pour jouir de sa présence, de ses conseils, de ses prières. Peut-être le Chancelier avait-il le dessein de tenter, là même, la régénération spirituelle de l'Église et de la Société par l'éducation de l'enfance.

Le saint Exilé part, mais ce n'est point vers Paris qu'il se dirige ; Paris théâtre de luttes sanglantes, où se trouvaient des amis de son persécuteur, ne pouvait lui offrir le repos sacré après lequel il aspire et qu'il goûtait à Mœlck, d'ailleurs les Anglais y règnent. Paris dès lors, pour un Français n'est pas la France, c'est donc à Lyon qu'il se rend.

Il y arrive vers les premiers jours de l'année 1420, mais indigent, extrêmement vieilli, avec une maigreur incroyable. Il savait ce que valait la vie : il avait bravement combattu pour la vérité et la justice, le digne émule d'Athanase et de Chrysostôme ! Ah ! s'il a souffert de l'indigence et de la tribulation, ce fut avec mérites devant Dieu ; il s'en console, il s'en réjouit, il ne sait par quelles paroles en remercier le Seigneur. Deux écrits, deux pièces poétiques pleines de charmes, qu'il a publié, l'un *De la pauvreté volontaire*, l'autre *Du bienfait de l'épreuve* n'en laissent aucun doute. « C'est alors qu'il pourra dire comme à Mœlck ces paroles de l'*Imitation*, qui ne conviennent absolument qu'à lui. « Sept temps ont passé sur ma tête. »

Ce nombre désigne le huitième septenaire de quarante-neuf à cinquante-six ans, d'après lequel terme notre Chancelier aurait eu cinquante cinq ans, à l'époque où il arriva à Mœlck en 1419, sept années de sept ans chacune avaient notablement changé sa constitution. L'œuvre d'ailleurs porte l'empreinte de la vieillesse, d'une expérience consommée de la vie, des luttes incessantes avec sa propre nature, des déceptions temporelles et d'autres grandes épreuves auxquelles celui qui l'écrivit s'était vu soumis. Notre *Commentaire de l'Imitation* démontrera combien l'allusion est frappante.

Réfugié à Lyon, tantôt au cloître de saint-Paul, tantôt et le plus ordinairement au monastère des Célestins, où il avait déposé son bâton de pèlerin, il a la consolation d'y retrouver ses deux frères moines, et avec eux les observances de la règle de Saint Benoît, adoptées par le pape saint Célestin pour ses religieux, et dont, disent quelques-uns, le livre de l'*Imitation* respire les parfums. Là, le saint Vieillard ne restera point contemplatif purement

spéculatif. Il méprise le monde, et même il renonce à
tenir une place au milieu des hommes ; mais il ne saurait oublier les âmes dont il lit la valeur infinie dans
les plaies de Jésus crucifié, son livre de tous les instants,
son ami de la solitude, son maître dans l'oraison divine,
et son suprême consolateur dans les amères déceptions
qu'il eut à essuyer.

Il est un document relatif aux années que notre saint
Gerson passa à Lyon, d'autant plus précieux qu'il nous
a été laissé par le Prieur même du monastère où ce
grand Docteur abrita avec sa vieillesse, son humilité, sa
science et sa gloire. Serait-ce de parti pris qu'on aurait
laissé ce titre de si grande importance dans l'ombre ?
C'est pourtant là qu'il faut étudier l'illustre Chancelier.

Nous y lisons que « si les épreuves et les tempêtes du
monde ont purifié son âme et l'ont forcé à se replier
sur lui-même (*Imit. de J. C.* liv. I, I. liv. III, I) ; à se re-
trancher comme dans un fort où il n'est pas permis aux
insensés de le suivre, dans l'humble cellule du moine
de Saint Benoît, ou du cloître de Saint-Paul, où le sublime orateur s'est retiré, sa Patrie lui est toujours présente et il prie pour sa délivrance.

« On ne saurait croire, dit encore son frère, Prieur
du monastère, quels torrents de pleurs jaillissent des
profondeurs de son âme au spectacle des maux affreux
du beau royaume de France, cruellement déchiré par
les discordes civiles et en proie aux étrangers... C'est
pour cela qu'offrant à l'autel le Saint-Sacrifice, il supplie le Seigneur d'accorder quelque relâche à son peuple travaillé par tant de douleurs. » Ce peuple malheureux, tant de fois le pieux Docteur l'avait invité à venir
se réfugier dans le Cœur de Notre Seigneur Jésus-Christ,
avec des paroles où respirent la douceur et l'émotion la

plus suave. (*Traité sur les paroles de J. C. : « Venez tous à moi etc. »*)

Dans sa solitude il n'oublie pas plus l'Église que la France, et s'il ne paraît plus dans les grandes assemblées, s'il ne prend plus de part aux questions théologiques qui exercent les polémistes, comme il le faisait jadis, l'erreur trouve toujours en lui un impitoyable adversaire. Une plume d'autorité attaquait le célibat des prêtres. Gerson l'apprend dans sa retraite, il écrit aussitôt et publie un *Dialogue sur le célibat ou la chasteté des ecclésiastiques*. Comme à Constance, le Docteur triomphe et les passions mauvaises se taisent.

Nous le trouvons en 1424 au Concile de Lyon, où l'avait appelé son pieux Archevêque et où il fit aux Pères un discours qui n'est pas sans un réel intérêt.

L'année suivante, les troubles s'étant apaisés en France et Paris ayant retrouvé un peu de calme, le saint Docteur s'occupa de moraliser le peuple parisien par une *Danse macabre*, fresque étrange, qui s'étendait sur une longueur de quinze arcades aux charniers du cimetière des Innocents. Avant le Concile de Constance, Gerson s'était occupé de cette œuvre essentiellement moralisatrice pour un lieu trop connu par les débauches qu'y faisaient les truands : mais son éloignement forcé de la capitale, et les révolutions dont elle était incessamment le foyer et le théâtre, ne lui avaient pas permis de la terminer. A Lyon, il composa les vers ou inscriptions qui devaient figurer sous chacun des sujets où la mort se montrait exerçant son empire sur les pauvres humains. Dans ce dialogue contenant l'interpellation adressée par la mort aux vivants, et la réponse adressée à la mort par les vivants, se trouvait commentée toute la fragilité de la vie terrestre ; l'orgueil des hommes était à nu et leur néant proclamé. On y retrouve en substance des maximes du fameux chapitre de l'*Imitation de Jésus-Christ*: « *De la méditation de la mort.* »

A part certains cas rares, et sur la demande de l'Archevêque, notre Bienheureux ne sortait point de sa retraite. La solitude était son centre et la contemplation son élément, il y jouissait en paix de la familiarité du Seigneur et de ses Anges. « Beaucoup s'étonnent, dit le Prieur, de ce qu'il se tient ainsi à l'écart et mène une vie solitaire et cachée. Vous le diriez un anachorète, tant il recherche les lieux déserts. Mais il habite parmi son peuple, et beaucoup se demandent : « Pourquoi ne paraît-il plus en public ? Pourquoi ne vient-il plus apaiser les querelles des hommes qui se déchaînent avec tant de fureur ?... »

« Il ne se mêle plus à ces brûlants débats, parce que trop souvent la charité en souffre et périt. Mais « que fait-il donc, » se demande-t-on ? Ce qu'il fait: Il s'entretient avec la Sagesse à laquelle, comme à sa compagne, il a voué sa vie dès son jeune âge ; elle le visite dès le matin, et s'il est triste et inquiet, elle ne le quitte point qu'elle ne l'ait consolé. Quant à lui, il ne porte dans sa conversation ni chagrin ni amertume, et le jour entier lui suffit à peine pour accomplir tout ce que sa belle âme lui suggère ; il médite, il contemple, il prie, il écrit, il exhorte, et la nuit il se lève pour chanter les louanges du Seigneur et bénir son saint Nom....»

Quand notre Bienheureux était à Paris, à son poste de Chancelier, il allait de temps en temps retremper sa piété et sa dévotion au milieu des ermites du Mont-Valérien, montagne célèbre par la pépinière de saintes-âmes qu'elle a abritées loin des bruits de la capitale, et qui fut consacrée, par les pénitences, les larmes et les prières de tant de serviteurs de Dieu, et par une chapelle de Notre-Dame-de-bonne-Nouvelle dont les ermites avait le soin. Gerson avait sous son habile direction quelques-uns de ces généreux reclus, entre autres le bon père Antoine. Ce pieux Père avait fixé sa retraite sur le revers oriental de la sainte montagne vers le village de Suresnes, au canton de la Croix. Nous avons encore une *Instruction* et une *Règle de vie (Schedula regiminis directa ad quemdam inclusum in Monte Valeriani)*, que Gerson lui adressa et que Le Roy de Haute-Fontaine a insérées dans son recueil *De la solitude chrétienne et religieuse* (tome III, 556 — Div. Gers. tom. II, 463). C'est tout un traité de haute perfection, aussi utile aux moines qu'aux simples fidèles. Nous n'en pouvons détacher que ces quelques maximes pour l'édification des âmes et pour mettre en relief le caractère du saint Docteur.

« Affermissez vous continuellement dans le dessein de recourir à vos supérieurs ; parce que cette soumission doit être le fondement de votre humilité. Ne vous laissez pas ébranler, de crainte que vous ne tombiez soudainement. Ayez toujours cet esprit et cette préparation de cœur de ne vous éloigner jamais volontairement du jugement, de la résolution, des sentiments, des conseils de celui a qui vous avez donné votre volonté en honorant Notre-Seigneur en sa personne, c'est-à-dire de votre prélat.

« Soyez sous sa conduite comme une terre molle entre les mains du potier, ou comme un fer rouge dans la main du forgeron. Soyez toujours en état de dire avec le Prophète : *Mon cœur est préparé, mon cœur est préparé.*

« Quand même votre supérieur aurait résolu de vous tirer tout à fait du lieu où vous êtes, n'examinez point sa volonté, et ne vous réservez rien de votre propre jugement... Contentez-vous de demander à Notre-Seigneur qu'il rende vos voies droites et saintes par l'entremise de celui à qui il donne son autorité. En marchant ainsi sous le joug d'un autre, vous conserverez votre humilité, et vous accomplirez en même temps cet avertissement du Prophète : *Abandonnez au Seigneur toutes vos pensées et vos prévoyances, il aura soin de pourvoir à tous vos besoins.* »

C'est ainsi que le sage Directeur entend le dépouillement de soi-même, l'abnégation de l'amour-propre par la dépendance des supérieurs et par l'obéissance entière à leurs moindres volontés. Après avoir recommandé à son disciple la modération en toutes choses, la discrétion dans les vœux et les résolutions, Gerson continue ainsi :

« Travaillez autant que vous pourrez à conserver cette solitude de l'âme, en la tenant dégagée de tous les soins des choses temporelles, et de toutes les inquiétudes où l'on voit vivre les hommes terrestres. Gardez-vous bien de jamais engager votre âme dans des soins superflus, sous prétexte de penser au salut des autres, car cette superfluité vous ferait perdre votre solitude intérieure, et vous précipiterait dans l'abîme de l'orgueil.

« Regardez-vous comme si vous étiez tout seul dans le monde à vous sauver, jusqu'à ce qu'une autre vocation, que celle où vous êtes, vous impose une charge que vous n'avez pas... Dites-vous à vous-mêmes.« Celui qui me juge et qui gouverne les autres, c'est le Seigneur. Il a assez de puissance et de bonté pour les sauver sans se servir de moi. Dans ma condition, je n'ai rien à faire pour eux sinon de *prier*, de *pleurer*, de *compatir*.

«N'écrivez à personne, ou, si vous le faites, que ce soit

fort rarement et à bien peu de gens, seulement pour recevoir quelque instruction.

« Pareillement ne parlez qu'à peu de personnes, et que ce ne soit pas à toutes les heures. Cherchez plutôt à vous faire instruire par les autres que de les vouloir instruire. Et quand vous demanderez quelque instruction, ou que vous parlerez à quelqu'un, vous le devez toujours faire avec un esprit de simplicité et d'humilité, sans vous engager dans des questions relevées, ou dans des cas de conscience épineux et difficiles. Ne vous oubliez pas jusqu'à vouloir prêcher et entendre les confessions... Quand vous serez engagé à entretenir quelques personnes, il y aura plus de sûreté pour vous à leur faire quelque bonne lecture, qu'à leur dire quelque chose de votre esprit.

« Pour vous exempter de l'ennui, pour retenir vos pensées et vous occuper utilement dans le grand loisir que vous avez, ayez des livres moraux des Saints dans lesquels vous étudierez souvent. Par ce moyen, vous ne serez point seul et vous vous entretiendrez sans péril avec les morts et les absents. Les livres que vous pourrez lire, sont, par exemple : Les Morales de Saint Grégoire, les Règles de saint Benoit et de saint Augustin, les Conférences spirituelles de Cassien, les Sermons de saint Bernard sur les Cantiques, et semblables autres ouvrages des Saints. Qu'en tout temps les visions extraordinaires soit de jour, soit de nuit, vous soient suspectes, et attribuez-les ou à la faiblesse de votre tête, ou à vos infidélités et à vos péchés. Faites de même pour ce qui est des douceurs et des sentiments de dévotion qui vous arriveront, si ce n'est que vous reconnaissiez évidemment qu'ils vous portent à l'humilité et au mépris de vous-même. Car il est impossible qu'une personne qui a de la complaisance en ces dévotions sensibles soit en état de plaire à Dieu parfaitement·

« Ayant besoin d'être enfermé, comme vous l'êtes, considérez-vous comme une bête farouche et indomptée, et soyez persuadé que si vous ouvrez votre prison à quelqu'un sans y être contraint par quelque besoin, vous vous mettez en état de vous perdre et d'en perdre encore d'autres avec vous.»

C'est par de si belles leçons que ce saint Maître conduisait les âmes parfaites dans les voies du renoncement intérieur, de l'humilité et de l'abandon à la divine Providence. De ces maximes, dignes des anciens pères des déserts, le Bienheureux en faisait la règle de sa vie. Il ne recommandait aux autres que ce qu'il pratiquait lui-même.

Interrogé, consulté par des docteurs et des évêques qui le considéraient comme un prophète et le vénéraient comme un saint, ses décisions étaient reçues comme des oracles. Mais il abhorait le vain bruit de la renommée et évitait autant qu'il le pouvait de se montrer. Un chartreux lui écrivit une fois pour lui dire qu'il voudrait bien le voir et s'entretenir avec lui. Alors, âgé de soixante deux ans, vivant à l'ombre du cloître, le saint Vieillard lui répondit : « C'est l'esprit qui vivifie, la chair ne sert de rien. » Modérez, je vous prie votre désir; Dieu a voulu que le langage écrit servit d'interprète à l'esprit. Ne faisons pas intervenir cette chair misérable qui, en ma personne surtout, n'est rien que scandale... » Il faut avouer que les sentiments du Bienheureux sont dignes de l'auteur de *l'Imitation*, que sa conduite est la traduction vivante de ce traité philosophique; rien ne répugne, tout au contraire fait croire qu'il est une production et l'une des meilleures du

Chancelier de Paris qui a sur toutes ses pages laissé son empreinte : ici sa philosophie et sa théologie, là son bon sens pratique et sa poésie ; tantôt ses larmes et tantôt ses joies ; tantôt le symbolisme de son nom et tantôt celui de ses armoiries, partout sa sublime devise et sa grande pensée.

Ce qui est sûr, et comme nous le démontrons ailleurs (*Clé de l'Imitation*), c'est que notre sublime et saint Penseur est beaucoup plus grand encore que le livre, et qu'il en a pratiqué les maximes avec la perfection la plus élevée où ait jamais pu atteindre le moine le plus pieux.

Mais il est aux yeux de la foi un côté dans l'existence du vertueux Chancelier, qui nous le représente plus grand et plus digne encore de notre vénération et de notre reconnaissance, c'est quand il se transforme en catéchiste et instituteur de l'enfance. Quoi de plus admirable que de voir ce Docteur, ce Père de l'Église, dont le nom, le mérite et la célébrité avaient retenti dans le monde entier, se faire mère, et même enfant avec les enfants, ne prenant d'eux que la simplicité et l'innocence, pour leur enseigner les rudiments du Christianisme et les attacher à Jésus-Christ. Ses adversaires se sont vus forcés à l'admirer en cette œuvre d'humilité et de zèle de toute sa vie et plus particulièrement de ses dernières années à Lyon. «Il s'abaissa, dit Mgr Malou, après avoir exalté son grand nom, jusqu'à instruire les petits et il excita les autres à cette œuvre de zèle et d'humilité. » (M. le chan. Tridon, *Préf. du De parvulis*.)

Le besoin de réforme se faisait sentir partout, jusqu'au sein de cette Église immortelle qui ne saurait faillir, et l'époque du Chancelier n'eut jamais sa pareille en malheur et en calamités ; c'était un *abîme*, une *nuit ténébreuse*, un *profond puits d'enfer*, comme on l'a nommée; le schisme des Grecs et, il faut le dire, plus encore peut-être le grand schisme d'occident, préparaient les ruines que l'hérésie était sur le point de consommer. Jeté au milieu des troubles qui agitaient et bouleversaient la Société, prévoyant des maux plus grands encore et affligé de l'avenir, le sublime philosophe Gerson arrête particulièrement ses yeux sur l'enfance, comme sur la principale espérance d'un monde qui croule. Non-seulement il indique le remède et il en trace les règles, mais encore il met la main à l'œuvre, et la réforme de l'Église éludée à Constance, il la tente par l'éducation des petits enfants. Siècle indifférent que le sien ! Gerson ne fut pas plus compris à Lyon qu'il ne l'avait été à Constance. Vieux et isolé, son œuvre semblait circonscrite dans la ville de Lyon et pays environnants. Mais il trouva un auxiliaire puissant dans sa plume saintement féconde : par ce moyen il communiqua à tous et à toutes les générations son dévouement extrême pour la portion la plus chère et la plus précieuse du troupeau de Jésus-Christ.

Il publia donc son traité *De l'art d'attirer les petits enfants à Jésus-Christ*, livre souvent traduit, et dont il serait à désirer, selon l'expression du Père Théodore de Ratisbonne, qu'il entrât dans les bibliothèques de toutes les Écoles normales. « Jamais, ajoute un docteur d'Allemagne, il n'a été écrit rien de plus beau, que ce petit livre digne d'être rappelé au souvenir de notre âge. » L'Évangile à la main, appuyé sur la parole du divin Maître, notre grand Réformateur chrétien a prétendu trouver dans les enfants les seuls éléments d'une renaissance chrétienne et sociale. Cette pensée aussi grande et aussi féconde qu'elle est salutaire, ne fut réellement comprise que par quelques âmes d'élite, comme saint Ignace de

Loyola, saint Charles Borromée l'un des plus illustres pères de l'église, et le bienheureux De la Salle et quelques autres, et, aujourd'hui encore, de beaux esprits semblent vouloir la méconnaître pour refouler la société vers les siècles de barbarie. Pour nous, la gloire que notre Gerson s'est acquise par cette initiative si chrétienne surpasse toutes les gloires imaginables, même celle d'auteur de l'*Imitation de Jésus-Christ*; et jamais ni l'Église ni la France ne pourront trop l'exalter pour cet immense bienfait. Mais son zèle etait inépuisable. Il avait pour les chers petits enfants, dans lesquels il voyait l'image du saint Enfant Jésus, un amour immense. Pensez donc ! c'était l'innocence qui sympathisait avec l'innocence. « Ce grand Chancelier, dit un pieux aumônier, son imitateur dans le zèle chrétien et la vie cachée, ce grand Chancelier, auteur d'ouvrages si remarquables, gardait pieusement dans son bréviaire le nom et l'âge de ses élèves, partageant leurs jeux, pleurant quand ils pleuraient, allant les chercher dans les rues, restant des heures entières à faire bégayer le nom de Jésus-Christ aux plus petits, se consolant en les aimant davantage, des mépris que valait son affection pour eux.,.» (*Livre de piété de la jeune fille*, dédié aux enfants des pensionnats.) Comme les anges de Dieu devaient se réjouir en voyant la majesté du saint Veillard souriant à l'enfance !

Mais le soin des petits n'empêchait pas l'incomparable Docteur de servir encore l'Église, la morale et sa Patrie, par de beaux écrits. S'il nous fallait relater ceux seulement qu'il composa dans sa solitude à Lyon, en société spirituelle avec la sainte Famille et son bon Ange gardien, ce ne serait pas sitôt fini. Mentionnons son admirable *Traité sur le Cantique de la Vierge*, qui l'a fait surnommer le *Premier Évangéliste du saint Cœur de Marie.* « Il le composa, dit-il lui-même, pour se consoler en approchant du terme de son pélerinage, pour exciter les cœurs à aimer la Vierge aimable, aimante, dévouée au-dessus de toutes les créatures. » Le père Jean Crasset, de la compagnie de Jésus, observe que le saint Docteur y dit quantité de belles choses du don de la contemplation qu'il avait en excellence, de l'union avec Dieu, du baiser mystique de l'âme, du vol spirituel, de l'extase, du ravissement, etc. Qu'en d'autres lieux il rapporte les bons offices que nous rendent nos bons Anges, et les effets admirables que le Saint-Esprit produit dans nos cœurs. Toutes choses dont se sont inspirés saint Jean-de-la-Croix, sainte Thérèse, saint François de Sales et tant d'autres maîtres spirituels. Ce même écrit renferme un traité profond sur le saint Nom et la triple connaissance de Dieu.

Gerson s'est fait l'interprète de David pénitent par un *Commentaire très-dévôt sur les sept Psaumes pénitentiaux*. Il a aussi, le premier dans l'Église, composé l'*Harmonie complète des quatre Évangiles* sous le titre de *Monotessaron ;* il a ainsi rendu un immense service à la science sacrée. Nous ne parlons pas de bien d'autres écrits sur l'Écriture-Sainte qui feront toujours placer le grand Docteur à côté des saints Pères. Son *Traité de la Messe et de la préparation qu'on doit y apporter*, respire partout un cœur pénétré du plus profond respect et du plus tendre amour envers Notre-Seigneur Jésus-Christ. On le voit très-souvent cité pour encourager les âmes à s'approcher fréquemment et avec confiance de la Table eucharistique.

« Quand vous auriez mille fois quitté et outragé votre Dieu bien-aimant par des mépris et des railleries, dit-il à une âme, si vous recourez à lui et que

vous soyez touchée de votre faute, il ne vous rejettera
point, il n'aura point pour cela plus de mépris pour
vous... « Venez à moi, vous dit-il, vous qui travaillez à
votre perfection et qui êtes chargée du poids de vos
péchés, et je vous soulagerai. » Si un homme vous disait
la même chose, vous le croiriez, vous y auriez confiance
et vous retourneriez à lui ? C'est Dieu qui vous le dit,
c'est Dieu qui vous le promet, c'est Dieu qui vous le
commande, et vous auriez assez de défiance pour ne
pas vous approcher de lui ?...

« Si vous êtes souillée, approchez de cette source de
pureté pour vous laver et vous purifier. Si vous
êtes malade, il sera le remède souverain de toutes vos
infirmités...

« Avez-vous quelque perte de sang que les médecins,
c'est-à-dire les exercices spirituels ne puissent guérir ?
Touchez avec une pleine foi et un grand respect le bord
du vêtement de Jésus, savoir la sainte Hostie, et à l'instant vous serez guérie.

« Si vous vous sentez blessée par les morsures des
serpents, qui sont les tentations fâcheuses de la chair
et du démon, jetez les yeux sur Jésus-Christ, élevé
comme un serpent pour vous guérir de ces plaies.

« Si vous dites avec le Prophète, que vous êtes seule,
et que vous êtes pauvre et abandonnée, participez à ce
saint Mystère, et vous aurez avec vous Jésus-Christ...

« Je suis changeante, légère et variable, dites-vous ?
recevez donc le Pain qui affermit le cœur de l'homme.
Avez-vous de la tristesse et du chagrin ? prenez de ce
Vin qui réjouit le cœur de l'homme.

« Etes-vous agitée et toublée de plusieurs choses ? At-
tachez-vous à Celui qui apaise d'un seul regard les flots
irrités, et qui est notre Paix. Car lui-même a dit : « Vous

avez des travers dans le monde, mais vous trouverez la paix en moi. »

« Etes-vous comme hors de patrie, et éloignée du Seigneur ? Ce Pain vous donnera la force de marcher jusqu'à la montagne de Dieu. »

« Que craignez-vous donc, et de quoi vous épouvantez-vous, ô mon âme ! Pourquoi vous troublez-vous ? Espérez en Dieu, et découvrez-lui avec confiance vos infirmités parce qu'il est votre Sauveur.

« Vous soupirez peut-être après le Seigneur, vous cherchez où est votre Dieu ? C'est certainement dans ce festin sacré où l'on reçoit Jésus-Christ, où la mémoire de sa mort est vivement représentée, où l'âme est remplie de grâce, et où le gage de sa gloire future nous est donnée... »

Quelle douceur ! quelle onction ! quelle simplicité touchante !

Son *Compendium de Théologie*, l'*Alphabet de l'Amour divin*, autant de productions où éclatent la science et la piété du saint Docteur. On lui a disputé ces deux écrits sous le spécieux prétexte que le Chancelier de Paris s'y trouve cité. En ce cas, il faudrait lui enlever aussi sa *Somme théologique* ou commentaire du *Floretus*, car il y est également cité. On a oublié que certains écrivains se sont eux-mêmes cités dans leurs propres écrits. Le saint fondateur des séminaires, en France, Bourdoise, ne faisait pas difficulté de se nommer lui-même dans la conversation, de se servir de ces formules : Bourdoise désire, Bourdoise fera, etc. Ce dernier ouvrage de Gerson est divisé en six livres qui comprennent les articles de foi ou dogmes catholiques, la morale, les péchés, les sacrements, les vertus, les fins dernières. Il est dédié au Souverain Pontife Sixte V, et n'est compris dans aucune des éditions dites complètes du Chancelier de Paris.

A côté de ces œuvres magistrales se placent de beaux traités pieux, pleins d'un mysticisme suave, sur *l'œil spirituel*, sur *la méditation*, sur *l'oraison*, sur *l'illumination*, *la stabilité et la pureté du cœur*, sur *la direction* et sur *la simplification du cœur*. Dans ce dernier traité, il rappelle à notre souvenir le fait célèbre, qui, dit-on, a donné commencement à l'Ordre des Chartreux. Un docteur de Paris, nommé Raymond, pendant qu'on célébrait pour lui, à Notre-Dame, l'office des morts, sortit à moitié de son cercueil, et annonça par trois fois qu'il était condamné par un juste jugement de Dieu. Saint Bruno qui était aussi chanoine, témoin de cet événement surnaturel, en fut si frappé, que dès ce moment il prit la résolution de se retirer dans la solitude. Depuis le Chancelier de Paris, le libéralisme a grandi et sapé les fondements du surnaturalisme. On a donc contesté ce fait que d'autres, saint Antonin, Surius, etc., ont cité après Gerson. Pour nous, l'autorité de notre grave Docteur, qui le présente comme traditionnel et populaire, balance ces froides critiques. Une composition pleine de fraîcheur, du célèbre Lesueur, a donné à ce récit une nouvelle consécration.

A Lyon encore, Gerson compose un *Traité de la noblesse Ecclésiastique*. Dédié par lui à l'Archevêque, il le prie de voir cet ouvrage, de le corriger, de l'augmenter, et même, s'il le juge à propos, de l'ensevelir dans le silence *vel sepeliendum silentio*, s'en remettant pour le tout à sa sagesse pastorale. Cet acte d'humilité se rencontre souvent chez le Chancelier. Il soumettait la plupart de ses écrits à la censure de ceux qu'il appelait ses maîtres. Le Traité susdit, *De la Noblesse ecclésiastique*, est divisé en trois parties ; les deux dernières sont en forme de dialogue entre le maître et le disciple. Dans la seconde partie le disciple dit : « Que les nobles eux-mêmes soient tels que vous les désignez ; qu'ils soient comme vous l'exigez d'eux, les *Imitateurs du Christ*, et les sectateurs de sa Religion. » Pensée frappante ! depuis surtout le concile de Constance Gerson revient sans cesse à l'*Imitation de Notre-Seigneur* et, selon la belle expression d'un savant illustre, « il prêche avec chaleur le mysticisme. » Le Christianisme pratique fut toujours le principal objet de ses travaux, ce qui le fit surnommer *Doctor Christianissimus*. Il fait consister la vraie philosophie dans la Théologie mystique, fondée sur l'expérience intérieure des sentiments de piété qui viennent de Dieu, et sur l'intuition de l'âme appliquée aux choses célestes. (A. Caro. *Hist. de la Philos.* 2ᵉ *période* 3ᵉ *époque*)... Le livre de l'*Imitation de Jésus-Christ*, (dit le même écrivain,) rappelait la religion à son vrai caractère, à sa déstination naturelle, la délivrait du funeste alliage des vaines subtilités qui venaient dénaturer l'enseignement, et plaçait son domaine et son action dans le perfectionnement moral. L'humble et vertueux auteur de ce beau livre, critique plus d'une fois, (là et dans ses autres écrits) les abus de la philosophie de l'École : « Que m'importent, dit-il, les genres et les espèces... Que tous les docteurs se taisent... Ne blâmons pas toute science et cette simple connaissance des choses, qui est bonne en elle-même et telle qu'elle est ordonnée de Dieu, mais donnons la préférence à une bonne conscience et à une vie vertueuse. » Nous l'avons vu, c'était le même système, qu'à Bruges Gerson professait et dans les mêmes termes.

. Mais sans contredit, le plus profond de ses Traités, c'est sa grande *Théologie mystique*, qui le place au premier rang des Docteurs dans la science divine, et le fait regarder par les savants comme le premier des philosophes chrétiens et mystiques ; nul, en effet, jusqu'à notre Gerson, n'avait encore traité de mysticisme catholique au point de vue philosophique et théologique en même temps. Tous s'accordent à dire que son chef-d'œuvre, car c'en est réellement un que ce livre, est supérieur en profondeur, en exactitude, en piété, en onction, à la plupart des écrits publiés sur cette science divine. « La Théologie mystique du savant et vertueux Chancelier, dit un philosophe, vient sans doute de celle de saint Denis l'Aréopagite, mais elle la surpasse infiniment en bon sens et en raison. Elle est très-peu connue et mériterait bien de l'être. » (V. Cousin, *Hist. génér. de la Philos.* ixe leçon.) Cette science qui n'est pas de la terre, mais du ciel, ni des hommes, mais des Anges, ne s'apprend, comme l'enseigne le Bienheureux, que par le renoncement à soi-même et aux créatures, par la simplicité, l'humilité, la pureté de cœur, les saints désirs, et un généreux dévouement à la volonté de Dieu en toutes choses. C'est pourquoi, dit-il, les personnes les plus ignorantes des sciences humaines sont capables d'acquérir celle-ci et de devenir de grands Philosophes à cette École de Jésus-Christ.

Au fond, (remarque un docte écrivain,) « Dans sa *Théologie mystique*, comme dans l'*Imitation*, Gerson met le fondement de la science dans l'intuition immédiate de Dieu par l'âme » (Gérusez, *Hist. de la Philosophie*, *Chap.* xlvi.) « Ce traité de la science divine de Gerson, (observe un autre historien,) d'un ordre supérieur aux ouvrages de Théologie spéculative des Écoles, qui menaient l'esprit à Dieu par une longue série d'arguments et d'intermédiaires, l'y conduit immédiatement, en s'appuyant sur l'expérience intérieure, sur l'observation des sentiments et des faits qui se passent dans la partie la plus intime de l'âme religieuse. » *Theologia mystica innititur ad sui doctrinam experientiis habitis intra in cordibus animarum devotarum.*

« Cette Théologie est donc une science expérimentale, elle part de l'intuition immédiate, de la perception spontanée de Dieu par l'intelligence pure, qui reçoit alors directement de lui la lumière de la vérité et les principes de toute certitude.

« Le but de ce mysticisme, c'est le ravissement ou l'extase, c'est l'union intime de l'âme à Dieu par l'amour, c'est le repos au sein de Dieu même par la parfaite conformité à sa volonté.

« Tel est le mysticisme tout à la fois religieux et philosophique de Gerson ; il se connait, il se nomme, il s'avoue ; il est bien constitué sur sa base, par ses procédés, par son but... (A. Thiel, *Hist. de la Philos. Chap.* XLXI, *art.* III.)

Dans une *Méditation dévote sur l'Ascension de Notre-Seigneur*, saint Gerson est le premier qui y raconte le trait de cette personne pieuse qui, étant allée en Palestine visiter les lieux sanctifiés par les pas et les souffrances de Notre-Seigneur, après avoir baisé l'empreinte des pieds du Sauveur, qu'il a laissée sur la montagne des oliviers en s'élevant au Ciel, elle s'écria : « Seigneur, je vous ai cherché sans vous trouver ; qu'ai je à faire sinon de m'envoler vers vous ? » A l'instant, son âme se détachant de son corps, par un effort de l'amour divin, prit son essor vers le Ciel.

« Hélas ! mon âme misérable, s'écrie à son tour le Bienheureux, tu es orpheline et veuve, tu manques à la grâce, tu n'as pas de force, et c'est pourquoi tu ne trouves point la faculté de sortir de ce corps, avec ton doux Époux, le vrai ami du cœur, et de lever la face en haut, à l'exemple de Notre-Dame et des Apôtres. »

Il approchait de la borne de la vie, à ce moment où l'ange de la mort, ou plutôt pour lui l'ange de l'amour divin devait lui toucher la paupière pour l'avertir de son départ de l'exil pour le Ciel. Il apprend que certains puristes critiquaient la forme chrétienne de ses poésies, à l'instant il publie une nouvelle pièce pour sa défense (*Carminum suorum honesta defensio*) où il déclare qu'il n'a d'autre muse que Jésus. « La muse païenne, dit-il, ne résonne pas dans les cieux, tandis que chanter Jésus, c'est chanter l'amour, la souveraine Beauté, et faire écho aux Anges des cieux » Il écrivit aussi un *Livre d'éducation*, où respire l'âme de Fénélon, pour le Dauphin de France, et trois mois avant sa mort, il a publié deux *Opuscules* pour justifier contre ses calomniateurs notre héroïne Jeanne d'Arc... Ainsi, jusqu'au dernier soupir, Gerson travailla constamment à glorifier Dieu, à défendre l'Église, à édifier et sauver les âmes, à consoler les malheureux et à servir et civiliser sa Patrie. Nous mettons en défi de citer un grand homme ou un grand Saint plus patriote et plus grand chrétien que le bienheureux Gerson. Parlerons-nous de son grand *Commentaire sur le Cantique des cantiques* (*Sympsalma super Cantica canticorum,*) où il explique les cinquante propriétés du divin amour résumées au chapitre cinq du livre troisième de l'*Imitation*. Nulle part le Chancelier n'a laissé couler en flots plus abondants l'amour sacré dont son cœur était plein pour Dieu. Le savant Cardinal Bona déclare qu'il a *divinement écrit* des propriétés de l'amour de Dieu, et saint François de Sales lui rend le même témoignage. Le vénérable Boudon d'Évreux, ce grand et saint mystique, le met au rang des âmes bienheureuses « qui ont comme un amour immense, qui sont toutes plongées dans une mer d'amour. »

C'est surtout vers la fin de ce Traité, dernier chant de notre cygne mystique, que le saint Exilé passe les limites que sa raison supérieurement philosophique lui avait jadis tracées ; c'est là que livré aux chastes enivrements de l'amour du Dieu infini, beauté suprême, il se laisse aller sans réserve au courant qui l'entraîne vers les rivages de la céleste Patrie. Il faut lire ces pages avec une âme purifiée pour entendre les pulsations les plus intimes de ce cœur vraiment séraphique au terme de sa vaillante et glorieuse carrière.

Avant que de clore cette vie si riche de vertus et de mérites du Chancelier, dont nous ne pouvons ici que simplement esquisser les principaux faits qui lui assurent l'admiration de la postérité, contemplons encore une fois cet illustre Chef de la plus célèbre Université du monde, cet oracle de l'Église et orateur des Papes et des rois, au milieu de la troupe innocente des petits enfants de Lyon et pays environnants. « La tendresse de père qu'il leur témoignait était payée de leur part d'un amour réciproque et d'une confiance sans bornes, lit-on dans l'excellente *Méthode de Saint-Sulpice*. Il était devenu bientôt le confesseur de tous les enfants de Lyon. La plupart, touchés de son extrême bonté pour eux, lui découvraient toutes les plaies que le démon avait faites à leurs âmes, et plusieurs lui avouaient que jamais ils n'auraient osé confesser leurs péchés à un autre prêtre qui n'eut pas eu pour eux autant de condescendance, quand même ils auraient été sur le point de mourir et sûrs d'être damnés. »

Jamais le grand Chancelier ne nous est apparu plus

sublime et plus digne de vénération que dans cette obscure école d'un pauvre faubourg de Lyon, parce que jamais homme aussi élevé en dignité, ne s'humilia plus que
lui. Quel touchant spectacle n'offrait pas à Dieu, aux
Anges et aux hommes ce Docteur si illustre, le plus
excellent de la chrétienté, dont la parole et les écrits
avaient éclairé l'Église et le monde, lorsque se déro-
bant aux honneurs et aux orages du siècle, il cachait ses
talents et ses gloires dans les plis du manteau de son
humilité avec les enfants. Il s'entourait dans le temple du
Seigneur, à Saint-Paul de Lyon, des petits et des faibles
qu'il allait chercher jusque dans les maisons, pour for-
mer avec un amour et une tendresse de mère leurs
jeunes cœurs à la Sagesse divine dont il était plein lui-
même. Pour tant d'amour et de dévouement, il ne de-
mandait à ses chers élèves que de répéter à la fin de
chaque leçon cette touchante et humble prière : *Mon
Dieu, mon Créateur, faites miséricorde à votre pauvre Serviteur Jean Gerson !*

Chaque jour il conduisait cette troupe innocente à
l'Église de Saint-Paul, et après les avoir fait assister au
Saint-Sacrifice de la Messe, le saint Sacrement étant
exposé, il se prosternait lui-même sur le pavé qu'il
humectait de ses larmes, et les mains jointes, il disait :
« Mes enfants vous allez dire avec moi : *Mon Dieu, mon
Créateur*, etc... » On assure que l'écho de ces voix angé-
liques traversant les murs de l'Église dont les portes
étaient fermées, arrachaient des larmes à ceux qui les
entendaient.

Il aurait avoué à son frère, Prieur du monastère, le
saint Vieillard, que les dix années qu'il passa ainsi moitié
avec les enfants, moitié dans l'exercice de la contemplation céleste, furent les plus douces de sa vie mili-

tante. En pouvait-il être autrement, puisqu'il ne vivait plus que de poésie, de prière et d'extases ; puisqu'il comprit si bien que l'humilité est la voie la plus sûre pour acquérir avec la paix de l'âme l'amitié si désirable du Seigneur et son Paradis ? Nul mieux que Gerson n'a eu l'intelligence de cette doctrine du divin Maître dans l'*Imitation*. « Mes disciples demandant quel était le plus grand dans le royaume des Cieux, voici ma réponse : « Si vous ne changez et ne devenez pas semblables aux petits enfants, vous n'entrerez point dans le Ciel : et quiconque s'humiliera comme ce petit sera le plus grand dans le royaume des Cieux. » C'est par où se termine le livre *Consolateur* écrit durant l'exil, et c'est par où aussi commence et finit la vie apostolique du Chancelier. Certes ! il appartenait à un tel maître d'enseigner l'humilité.

Voulez-vous l'écho de cette sublime morale ? Dans son *Traité sur l'art d'attirer les enfants à Jésus-Christ*, notre Docteur dit : « Je parle à des chrétiens qui doivent savoir que rien n'est plus grand ni plus sage que de s'abaisser pour gagner des âmes à Dieu. C'est l'oracle du Saint-Esprit : *Plus tu es grand, plus humilie-toi devant tous.* Et notre divin Législateur n'a-t-il pas dit à ses apôtres, en plaçant un petit enfant au milieu d'eux : « Quiconque s'abaissera et se rendra petit comme cet enfant, celui-là sera le plus grand dans le royaume des Cieux ; et quiconque, par amour pour moi, prendra soin de quelqu'un de ces enfants, je regarderai ce qu'il fera pour lui comme fait à moi-même. » (*Matth.* xviii, 4 et 5.)

Peut-être à ce déclin de sa carrière, l'illustre Saint ajoutait-il quelque pensée, maxime, ou prière à ce livre devenu synonyme de son nom, chez saint Ignace de

Loyola, saint Charles Borromée, saint François de Sales et le vénérable Olier... Assurément, il écrivait sur les propriétés de l'amour de Dieu qu'il a si bien développées, qu'il semble avoir eu les lumières d'un chérubin et les ardeurs d'un séraphin, quand l'ange de la Paix divine vint le saluer avec un gracieux sourire pour l'inviter aux joies du Paradis. Il venait de terminer ces paroles que l'âme sainte et parfaite adresse à son époux Jésus-Christ : *Qu'il me donne un baiser de sa bouche.* (*Cant.* I.), qu'il se livra à un ravissement qui dura trois jours entiers.

Les petits enfants, élèves de son école, qu'il avait formés à la piété, qu'il avait tant aimés et dont réciproquement il était si bien aimé, s'étaient rassemblés comme de coutume. Ne voyant pas venir leur Maître chéri, ils montèrent tout éplorés à sa cellule et le trouvèrent mourant ou plutôt souffrant les langueurs du saint amour. Alors il s'écrièrent tous en larmes et s'en allèrent dans les rues répétant, d'après le père Crasset: *Dieu notre Créateur, ayez pitié de votre serviteur et de notre bon père Jean Gerson.* Sa mort bienheureuse arriva le 12 juillet 1429.

Bientôt un retentissement extraordinaire eut lieu dans la ville de Lyon, au cri répété de : « *Le saint est mort!* » La foule accourut, dans un sentiment de vénération pieuse, contempler les traits de celui qui était considéré non seulement comme un oracle vivant, mais comme un intercesseur puissant auprès de Dieu. Les uns tenaient à honneur de baiser et de couvrir de leurs larmes ce corps sacré qui avait été la demeure du Saint-Esprit et purifié par le feu de la tribulation, de la pénitence et de la mortification ; les autres voulaient absolument emporter quelques restes de ses vêtements, quelque parcelle de ses cheveux. Ceux-ci lui faisaient toucher des chapelets, ceux-là d'autres objets. Quelques personnes, assure-t-on, obtinrent des guérisons de leurs maladies ou infirmités.

Les obsèques du grand Docteur se firent avec solennité. Tous les enfants de Lyon à peu près, voulurent payer le tribut de leur vénération et de leur reconnaissance à la mémoire de leur Ami si tendre, de leur Maître si bon ; ils assistèrent à ses funérailles, en compagnie de leurs parents. Comme il l'avait souhaité, le saint Chancelier eut son corps inhumé dans l'église de Saint-Paul, où il avait fondé un anniversaire de pain et de vin à distribuer aux pauvres... D'autres, parlant de sa sépulture, disent qu'elle eut lieu dans l'Église de Saint-Laurent rattachée par une sorte de cloître à celle de Saint-Paul. Ces deux églises étaient desservies par le même clergé, l'une comme collégiale, et l'autre comme paroisse.

Gérard Machet, docteur de Sorbonne, co-Chancelier du Saint défunt et depuis évêque de Castres, paya un tribut d'éloges à sa mémoire. Ce fut le premier bouquet d'immortelles déposé sur la tombe du *fidèle imitateur de Jésus-Christ*. Nous détachons quelques fleurs, cueillies avant nous par M. Vert.

« Pleurez, études, pleurez sous le coup qui vous frappe ; celui que la mort vous ravit, était à votre tête. O Paris, peux-tu, parmi tes hommes, en montrer un son égal ?

« Gardez-vous de penser que j'orne un mensonger panégyrique. Que dire sur tant de mérite, qui ne soit au-dessous de ce que Dieu en sait ?

« Il donna à Jésus-Christ les prémices de ses années, et le vieillard moissonna avec abondance ce que le chaste adolescent avait semé.

« L'oisiveté puérile lui fut inconnue ; dès la tendre enfance, il montra de grands indices de vertu. Là, où trop de jeunes pas glissent, lui sut tenir son pied ferme et pur.

« Pour bien enseigner, il se prit d'abord à bien faire ; sa vie ne donna pas de démenti à ses leçons et à ses discours.

« Timbre harmonieux de la voix, grâce du geste, il avait tout. Il persuada en disant le vrai avec le langage des divines miséricordes ; contre les fronts superbes et impies il sut faire tonner de rudes accents.

« Pour apprécier sa science profonde, son art merveilleux, il nous reste ses nombreux et profonds écrits. Que de charmants traités !... Il en est un dans lequel.

> A tous, sans excepter ni condition ni sexe,
> Il trace un droit chemin pour suivre Jésus-Christ.
> *Ad Chistum via sit quo meliore modo.*

« Pleure, Université ! Paris ! voile ta gloire !
Que le glas dans tes tours prolonge ses sanglots.
Qui mieux parmi tes fils fut digne de mémoire,
Et te fit immortel par des écrits plus beaux ?... »

On grava autour du tombeau cette sublime devise du Saint : *Sursum corda !* éloge le plus vrai et le plus beau qu'on ait pu faire de cette vie si humble et en même temps si divine. « Heureux, s'écrie un savant, celui qui mérite un tel mot parmi les misères de notre nature ! » (*H. Martin. Hist. de France.*) on y grava encore sa grande pensée : *Pœnitemini et credite Evangelio.* Gerson répétait sans cesse ces deux paroles. On lisait sur une plaque de cuivre, attachée au mur voisin avec ses armoiries, les titres et surtout les mérites du grand Docteur.

A peine eut-il fermé les yeux, que la réputation de sa sainteté ne fit que se confirmer par l'éclat des miracles. Dès lors tout le peuple de Lyon commença à lui rendre une sorte de culte, à le regarder comme un Serviteur de Dieu qui jouissait déjà de la gloire céleste, et comme un intercesseur à qui on pouvait recourir dans toutes les nécessités. La Lettre de condoléance de l'Archevêque de Lyon, Amédée de Thalare, qui plaçait Gerson au rang des flambeaux du Ciel et des martyrs du Christ, semblait consacrer à l'avance ce culte.

On visitait son tombeau, les peuples des environs de Lyon et de pays éloignés y affluaient avec une dévotion extraordinaire ; on y priait non sans succès, puisque Dom Calmet, bénédictin, nous apprend que dans la chapelle du Bienheureux, longtemps après, on voyait encore près de ce saint tombeau des *ex-voto* et autres marques de la piété et de la reconnaissance des pèlerins. La foule grossissant toujours, la confiance s'établit et s'accrût. Ce qui n'était d'abord que la voix du peuple, se fortifia du suffrage d'un grand nombre d'évêques, entre autres de celui de l'Archevêque de Lyon, de ceux de Castres, de Bâle, etc.

La chose en vint au point que Charles VIII, alors régnant, ayant été informé par son aumônier du Culte que l'on rendait à Lyon au Chancelier de Paris, le chargea de faire construire, après avoir obtenu l'agrément de l'Archevêque de Lyon, dans l'église de Saint-Paul, une chapelle avec un autel dédiés à la mémoire du Bienheureux, comme on honorait Gerson depuis sa mort. Sur l'autel on fit mettre l'image du saint Chancelier revêtu

de sa toge doctorale, la tête ceinte d'une auréole, disent
quelques auteurs, et tenant dans sa main gauche un
cœur qu'il élevait vers le Ciel, avec sa devise : « *Sursum
corda!* » Dussaussay, évêque de Toul, dans le martyrologe latin qu'il a composé à la prière du clergé de
France et sous les auspices du Pape, assure qu'il se faisait un grand concours de peuple à cet autel dédié au
bienheureux Gerson, et que des miracles signalés con-
tribuèrent à l'augmentation de son culte.L'aumônier de
Charles VIII lui-même,devenu évêque de Sistéron, assu-
rait avoir été par l'invocation du bienheureux Gerson
préservé des suites d'une chute fort dangereuse. Il solli-
citait Charles VIII de faire consacrer à Rome le culte
dont Gerson était l'objet par une Canonisation régulière.

Vers l'an 1500, un citoyen de Lyon, nommé Cataigne,
fort dévôt au saint Chancelier, fonda dans l'église de
Saint-Laurent, contigue à celle de Saint-Paul, en l'honneur de Dieu, de la bienheureuse Vierge, et en mémoire
du bienheureux Gerson y inhumé, une messe d'actions
de grâces qui devait être célébrée tous les mercredis, et
un mois après pour bienfait reçu du Serviteur de Dieu,
une seconde messe qui devait avoir lieu tous les jeudis,
et être dite par un membre du chapitre *De gre-
mio*.

Cette dévotion à notre Bienheureux était alors si étendue et si florissante qu'à la sollicitation de plusieurs
évêques et du clergé de Lyon, François de Rohan qui
d'administrateur de l'église d'Angers, prit possession
de l'Archevêché de Lyon en 1504, nomma cette même
année,avec l'agrément de son chapitre, Gerson *Saint*, et
approuva le culte qu'on lui rendait à Saint-Paul.

Le culte se continuait ainsi, lorsqu'en 1565 les hugue-

vinrent fondre sur la ville de Lyon, profanèrent les églises, les vases sacrés et même les reliques des Saints ; le corps de saint Bonaventure devint par leurs mains sacriléges la proie des flammes.

Arrivés à Saint-Paul et Saint-Laurent, ces frénétiques se ruèrent d'abord sur l'autel de saint Gerson et sur son image qu'ils mirent en pièces, ne laissant aucune trace de son culte si cher aux Lyonnais. On croyait que sa tombe avait été violée. Grande fut la surprise des amis et dévôts de notre Gerson, lorsqu'en 1643, le 14 avril, des fossoyeurs creusant une fosse, découvrirent le tombeau du saint Chancelier. Ils doutaient d'abord que ce fût lui, mais y ayant introduit une lumière, ils aperçurent un cercueil d'où s'exhalait une odeur suave.

Bientôt le bruit se répandit dans Lyon qu'on venait de découvrir dans l'église de Saint-Paul le tombeau d'un Saint, et l'on soupçonna que c'était celui de saint Gerson, comme on le nommait. Aussitôt une foule immense remplit l'église et les environs.

Le lendemain le concours du peuple se renouvela, et des miracles éclatants eurent lieu. On cite surtout celui de la guérison d'une veuve, Marguerite-le-Roux. Se trouvant quelques mois auparavant à Montpellier, dans une maison où le feu avait pris, pour échapper aux flammes elle sauta par la fenêtre, et perdit dans sa chute l'usage d'une de ses jambes. Elle se fit conduire à Saint-Paul, s'approcha du tombeau de saint Gerson pleine de foi, y pria avec ferveur pendant une demi-heure, et bientôt elle se leva sur ses jambes, ce qu'elle n'avait pu faire depuis son accident. Avant de sortir de l'église elle se trouva entièrement guérie.

Cette guérison fut suivie de trois autres. Une des plus

remarquables fut celle d'un enfant de cinq ans qui était né avec les jambes contrefaites et n'avait jamais pu se tenir debout ; à la suite d'un vœu fait par ses parents au bienheureux Gerson, cet enfant se vit complètement guéri.

Le cardinal archevêque de Lyon, Alphonse de Richelieu, frère du ministre de ce nom, sur le bruit de ces miracles opérés au tombeau de saint Gerson s'y transporta lui-même, accompagné de quelques membres de son chapitre, pour s'assurer de ces faits extraordinaires. Il descendit dans le caveau, fit ouvrir le cercueil, sur le couvercle duquel se trouvait répétée l'inscription: *Joannes de Gerson, Cancellarius Parisiensis.* Le corps était entier, très-bien conservé, encore enveloppé dans ses ornements sacerdotaux et répandant une odeur très-suave ; sur la poitrine était un calice d'étain, qui paraissait s'être échappé de ses mains.

Après avoir inspecté avec vénération et un pieux attendrissement ces restes sacrés qu'il baisa avec dévotion, dit la relation qui en fut faite alors, et en avoir extrait quelques parcelles des cheveux et des vêtements, qu'il distribua à ceux qui étaient présents, le vénéré Cardinal fit refermer la chasse, et ouvrir les portes de l'église où le peuple se précipita en foule.

Nous ne raconterons pas ici les nombreux miracles qui eurent lieu à cette occasion, nous réservant de parler de ces merveilles et de l'invention du corps de notre Bienheureux dans un travail complet que nous préparons, et où sera insérée la relation susdite. Néanmoins nous ajouterons, pour la satisfaction du lecteur, plusieurs autres marques de la protection de saint Gerson sur les infirmes et les malades, et d'abord sur un enfant.

Cet enfant avait huit ans. Pris tout à coup d'une chaleur accompagnée de fièvre, son état devint alarmant.

Il fut complétement délivré, grâce à la confiance de ses parents dans le Bienheureux Gerson. Pendant qu'on faisait les prières publiques d'usage devant son tombeau et son autel pour la santé du roi de France, les parents de l'enfant avaient suspendu à son cou une parcelle des chaussures du Bienheureux, qui à l'instant même récompensa leur confiance.

Un paysan d'environ vingt ans avait la vue tellement perdue depuis le temps de l'Avent, qu'il ne voyait rien. Il fallut le conduire sur un âne à travers la ville, la figure couverte. Pendant qu'il faisait sa neuvaine au Bienheureux, peu à peu ses yeux s'ouvrirent, et le dernier jour il avait cessé d'être aveugle.

Un autre qui habitait la ville de Lyon, était paralysé de tout son corps, à l'exception de sa langue qu'il trouvait encore le moyen de mouvoir, pour implorer le secours de Dieu. Entendant faire le récit des merveilles qu'on obtenait en se recommandant au saint Chancelier, il joignit à l'invocation de la bienheureuse Vierge Marie, celle de son serviteur le bienheureux Jean Gerson. A l'instant même il recouvra la santé et le médecin qui le soignait fut congédié.

Une fermière âgée de trente ans, n'avait pu depuis sa dixième année faire le signe de la Croix (pratique qui dans son enfance était bien chère à son cœur.) Sa neuvaine au bienheureux Gerson n'était pas encore terminée qu'elle put remuer le bras, étendre ses doigts et reprendre sa pratique du signe de la Croix.

Un homme âgé de trente-deux ans avait le corps qui se couvrait de pustules par suite du mouvement de la marche, il échappa au danger sans autre remède que la dévotion au bienheureux Gerson. Comme cette maladie causait de grands désastres dans la ville de Lyon, beau-

coup se mirent sous la protection du saint Chancelier
pour être, ainsi que leur concitoyen, préservés de ce
fléau.

Ces guérisons sont tirées de la relation intitulée *Gerson glorifié dans son tombeau*, qui fut faite par un des
vicaires perpétuels de la Collégiale de Saint-Paul, de
tout ce qui se passa au tombeau du bienheureux Saint
Gerson, lorsque le Cardinal de Lyon fit la reconnaissance
de son corps. Cette relation fut dédiée à son Éminence,
et livrée à l'impression sous ses yeux, en un vol. in-4°.

Durant de longues années, c'était devant l'autel du
Bienheureux que les rois de France faisaient prier, dire
des messes et chanter des saluts, tantôt pour leur santé
et tantôt pour les besoins du royaume. On espérait non
sans *motifs* qu'un *Saint* qui avait aimé avec tant d'ardeur son Souverain et sa Patrie, dont il avait aussi souvent défendu les intérêts avec un zèle éclairé, ne serait
pas, après sa mort, insensible aux vœux qui lui seraient
adressés pour la santé du roi et la prospérité du
royaume.

ÉPILOGUE

Il n'est pas d'époque dans l'Histoire de France et dans l'Histoire de l'Église, qui offre un spectacle plus désolant que celle où vécut notre Gerson. Guerre étrangère et discordes civiles, un roi en démence, des princes armés les uns contre les autres, des populations décimées par la famine et par la peste, ruinées par le pillage, écrasées de taxes et de contributions ; l'Église partagée entre deux et quelque temps en trois papes, qui se renvoyaient des accusations également vraies et des anathèmes également méprisés ; l'Université mêlée forcément aux troubles politiques et aux querelles religieuses, la Foi ébranlée, le sentiment de la justice obscurci dans les âmes, partout les consciences troublées, les passions déchaînées, nulle part l'ordre et la paix. Toute la vie du bienheureux Chancelier, toute son œuvre est dans ces trois mots : Unir, pacifier, christianiser.

C'était le grand besoin du temps ; et s'il faut juger les hommes par leurs efforts plus encore que par leurs succès, nul n'a été plus grand, nul n'a plus mérité de l'Église et de son siècle que Gerson.

6*

Fut-il jamais une vie mieux remplie que la sienne, plus dévouée à la justice et à la vérité, à l'Église et à sa Patrie ? Fut-il jamais une âme plus droite et plus pure au milieu de la corruption générale, plus modérée et plus maîtresse d'elle-même au milieu des excès des partis, plus ferme et plus intrépide au milieu des périls et des défaillances? Quelle bouche était plus digne d'enseigner aux hommes la vertu, la paix, l'union, la charité ? Certes, si une voix humaine eût pu être entendue au milieu de l'emportement des passions, c'était bien la sainte voix de Gerson le Chancelier.

Esprit de Gerson, veille sur l'Église, veille sur la France ; toujours tu embrassas ces deux Patries dans un même amour; toujours, pour leur assurer la paix, tu sacrifias ta laborieuse existence. Ah! du haut du Ciel, où tu vis dans la gloire, sois incessamment leur doux Ange protecteur, ne les oublie pas lorsqu'elles te négligent! ..

Des statues à Paris et à Lyon viennent d'être élevées à ta mémoire ; elles glorifient en toi le grand homme, le Patriote accompli, le généreux bienfaiteur de l'humanité. Déjà Benoît XIV, t'a proposé à l'admiration et à l'imitation du Clergé. Nous osons espérer que l'Église consacrant ton culte, te salueras universellement comme l'un de ses plus saints Docteurs, etc.

FELIX QUI IMITATUS FUERIT CHRISTUM ! (PROP. IN CONC. CONST., 1416.)

MALEDICTIO EST SUPER HOS QUI NON IMITANTUR VERITATEM VITÆ JESU CHRISTI. (SERMO IN DOMINIC. PASS.)

OMNE QUOD FECIT ET DIXIT CHRISTUS, FECIT ET DIXIT OB NOSTRAM INSTRUCTIONEM. (SERMO IN RAM. PALM.)

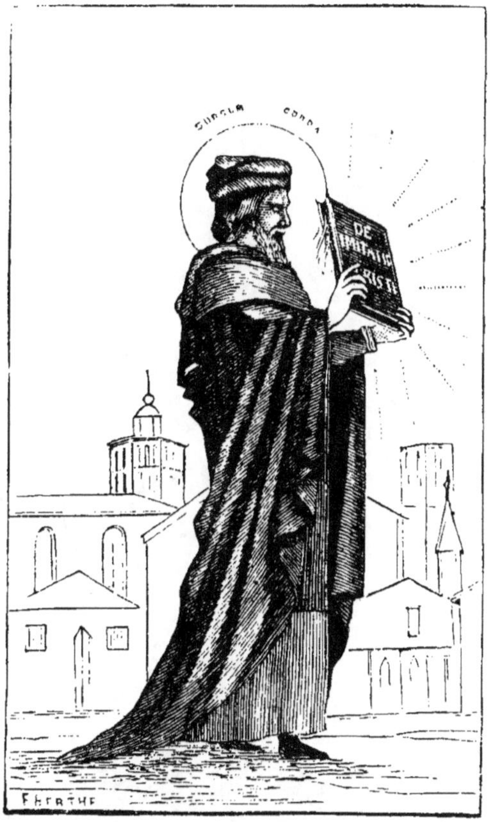

LE BIENHEUREUX JEAN GERSON

DOCTEUR TRÈS-CHRÉTIEN ET CONSOLATEUR

Déclaré *Saint* de temps immémorial (1504)

par François de Rohan, Arch. de Lyon, Primat des Gaules.

Le culte des Saints repose sur une doctrine que de
nombreuses et puissantes considérations ont toujours
rendu chère à tous les catholiques. L'Église le recommande dans ses Conciles généraux, ses Pères et Docteurs l'ont toujours défendu avec une inébranlable fermeté.

Ce culte qui remonte au berceau du christianisme,
s'est propagé avec lui dans le monde, et par tous il a
été accueilli avec un enthousiasme pieux, inspiré par le
cœur et sanctionné par la raison.

Il n'est personne qui ne convienne que le culte des
Saints outre qu'il répond à un besoin de notre existence, renferme un puissant élément social. Combien
souvent il a réveillé à la Foi chrétienne des nations
plongées dans le sommeil de l'indifférence !

Il n'appartient qu'au Christianisme de présenter ses
héros à l'admiration, à l'invocation et surtout à l'imitation des fidèles. Mais l'Église, jalouse que ce culte gran-
disse toujours plus, a soin d'en arrêter les écarts, d'en

flétrir les abus. Son autorité est sacrée, et elle fait preuve d'une sagesse toute divine, en réglant à cet égard la croyance et la piété de ses enfants. Dans les anciens temps, il n'y avait d'autre canonisation que l'honneur et le culte public que le peuple chrétien rendait, par l'approbation de l'Évêque à celui qui avait vécu et qui était mort dans une grande réputation de sainteté. Au onzième siècle, on eut quelquefois recours au Souverain Pontife pour ce sujet. Enfin, dans le douzième, Alexandre III décida que la canonisation des Saints était une des causes majeures qui serait à l'avenir réservée au Siége Apostolique. (*Décret. Grég.* ix *p.* 1288.)

Ce droit légitimement acquis au Souverain Pontife n'a point empêché quelques évêques de canoniser, depuis le décret d'Alexandre III et même celui d'Innocent III en 1218, des saints particuliers à leurs églises. C'est ainsi que Wittikind, évêque de Manden en Westphalie, établit l'an 1313, sans beaucoup délibérer la fête de l'évêque saint Félicien partout son diocèse, dès que sa sainteté commença à se découvrir par des miracles. Nous pourrions citer un grand nombre de saints personnages qui ont été favorisés d'un culte public mais local par les ordinaires des diocèses. Ceux qui sont au courant de l'Hagiographie sacrée le savent. Ce culte persévérait, et même s'agrandissait avec le consentement formel, au moins tacite du Saint-Siége.

Mais pour obvier à certains abus d'une piété trop ardente, Urbain VIII dans trois décrets successifs de 1625, 1628 et 1634, défendit absolument de rendre aucun culte à ceux qui étaient morts, même en odeur de sainteté et avec la gloire des miracles, avant qu'ils eussent été béatifiés ou canonisés par le Saint-Siége. Le même Pontife régla la forme de canonisation, telle à peu près qu'elle s'est pratiquée depuis à Rome.

Cependant, dit l'abréviateur de Benoit XIV [1], les prohibitions d'Urbain VIII, ainsi qu'il s'en est expliqué lui-même, ne doivent point s'étendre aux Bienheureux qui sont honorés dans l'Église ! le culte qu'on leur rend doit subsister en son entier. La prescription qui se tire du temps *immémorial*, c'est-à-dire d'un siècle avant les susdits décrets est un titre en leur faveur qui tient lieu de Béatification. Cette *béatification* se nomme *équipolente*. Quand elle est constatée par la sentence de l'ordinaire, ou des commissaires apostoliques, on procède aussitôt à la canonisation, après l'examen des vertus particulières et des miracles.

Ce cas privilégié bien prouvé, le culte introduit auparavant reçoit le sceau de l'autorité la plus authentique. Pour le mériter, il faut qu'il se trouve appuyé de quelqu'une des raisons suivantes, dont une seule suffit pour fonder cette instance du culte privilégié.

1° Le consentement à peu près unanime de toutes les églises. C'est à ce titre qu'un grand nombre de saints anciennement décorés de cette auguste qualité, jouissent aujourd'hui des prérogatives d'un culte religieux.

2° Le témoignage et l'autorité des Saints Pères ou des Écrivains ecclésiastiques. Dans les causes modernes (c'est-à-dire depuis les décrets d'Urbain) cette preuve seule est souvent insuffisante, parce que les auteurs récents n'ont pas l'autorité, à quelques exceptions, des Saints Pères. On conçoit que des Pontifes et Pères

---

[1] Nicolas Bodeau, chanoine régulier de l'abbaye de Chancellade, près Périgueux. Son ouvrage analysé de Benoît XIV, que nous citons, a été approuvé par ce grand Pontife.

comme Benoit XIV, Saint Charles Borromée, Saint François de Sales, le vénérable cardinal Bona, Bossuet, revêtent un caractère exceptionnel et une autorité puissante, — sans parler des conciles, et des synodes qui se prononcent en faveur du bienheureux Chancelier.

3° Le *culte immémorial* ou la possession de cent ans et plus avant le décret d'Urbain VIII de 1625 ou la bulle de confirmation de 1634. Sans contredit le bienheureux Gerson réunit les deux dernières conditions, et même il réunit la première à un certain degré. Pour tout dire brièvement :

1° Tout l'Univers catholique accorde généralement à l'illustre Chancelier la qualification de *Saint*, quelquefois isolée, mais ordinairement jointe à une autre épithète, par exemple *saint homme, saint Docteur*. Rarement est-il nommé, cité, sans qu'on le qualifie de *pieux, dévot*, ajoutant toujours la qualification *docte, Pius ac doctus, devotus ac doctus*; quelquefois même, très-savant et très-saint Gerson, *Doctissimus et sanctissimus Gerson* ; ce qui exprime une vénération singulière pour son grand nom.

2° Les plus illustres et saints personnage de l'Église l'ont qualifié *Saint*, et lui ont témoigné une sorte de culte bien expressif.

3° Il a été en possession d'un culte extérieur, c'est-à-dire public, ecclésiastique et local, dans l'église de Saint-Paul de Lyon, et d'un autel élevé sur son tombeau même, en son honneur, surmonté de son image avec la tête entourée d'une auréole. En 1504, l'Archevêque de Lyon, Primat des Gaules, aux instances de son clergé, des nombreux membres de son chapitre et des évêques ses suffragants, le déclara Saint, *Divus*. Et la foule des pélerins accourait, dit l'évêque de Toul dans son martyrologe, implorer avec succès le bienheureux Jean Gerson. Le savant dom Calmet, bénédictin, écrivait en 1771, qu'on voyait encore les *ex-voto*, ou insignes des pélerins, au tombeau du Serviteur de Dieu [1].

4°. Enfin des messes votives furent dites à son honneur sur l'autel élevé au lieu où reposait son saint corps ; des fondations de messes furent faites également à sa sainte mémoire, avec la permission de l'autorité ecclésiastique.

5° « Ce grand concours de peuple, qui venait implorer l'assistance du *Saint*, dit l'abbé général de Prémontré, avait produit un grand mouvement de dévotion envers lui. Cette dévotion au saint Chancelier, ajoute-t-il, s'était fort étendue et était très-florissante. Le bruit s'en était répandu jusque dans les pays étrangers [2]. »

6° En 1643 de nombreux et grands miracles s'étant opéré au tombeau du bienheureux Gerson, et par son intermédiaire, le cardinal Alphonse de Richelieu, ancien chartreux, frère du ministre de ce nom, et archevêque de Lyon, vint les constater avec son conseil ecclésiastique, fit l'invention du corps du Serviteur de Dieu, conservé en son entier et qui répandait une odeur très-suave. Le pieux Cardinal baisa un des ossements du saint Chancelier, dit la relation dressée sur le lieu même, imprimée ensuite, et dédiée au cardinal, puis il distribua de ses reliques aux assistants et *glorifia le Seigneur admirable dans ses Saints* [3].

[1] *Hist. Univ. tom* XIII., 518.

[2] L'Écuy, *Essai sur la vie du Bienheureux Gerson*, tome 1er, 255, 56.

[3] Voyez : *Gerson in tumulo gloriosus*, d'abord publié in-4°, et puis réuni à la collection des œuv. de notre Gerson. Anvers, 5 vol. in-folio.

Depuis sa bienheureuse mort, depuis surtout le titre de saint (*Divus*) qui lui a été décerné par l'Archevêque de Lyon et le culte dont il a été l'objet par l'autorité de l'Ordinaire, avec le consentement tacite du Saint-Siége, ou l'Église romaine, Gerson a toujours été tenu et vénéré comme Saint. *Ab eo autem die quo mortem abüt pro Divo semper, et cultus et habitus est ab omnibus*[1].

Le *Calendrier historique de l'Église de Paris*, publié en 1742, in-8, lui consacre, au 12 juillet, une notice intéressante et l'appelle *Bienheureux*. Un autre *Calendrier historique et chronologique de l'Église de Paris*, par l'abbé Lefèvre, in-12, 1747, le mentionne très-honorablement par une page charmante et assure qu'il se fit à son tombeau un grand nombre de miracles. .

Cinq Martyrologes à notre connaissance, mentionnent aussi avec les éloges les plus significatifs, au 12 juillet, la mémoire du *Bienheureux Jean Gerson*, chancelier de Paris. Par exemple : Celui de Dussaussay évêque de Toul, in-folio, composé avec l'agrément du Souverain Pontife et à la demande du clergé de France parle, au 12 juillet, des miracles, du culte et de la qualification de *Bienheureux* universellement accordée à Gerson. Dans les additions à celui d'Usuard, publié en tête de la grande collection des *Acta Sanctorum* en français, on lit, au 12 juillet, « Le même jour la sainte mémoire de Jean Gerson, *Docteur très-chrétien*, qui fut illustre par sa science et ses vertus, et finit sa bienheureuse vie l'an du Seigneur, 1429 : ses miracles, son culte, etc. sont omis.»

Les pères Théophile Raynaud, Bonnefons et de Barri, de la Compagnie de Jésus, le mentionnent dans leurs *Vies des saints*, au 12 juillet.

---

[1] Cf. *La vie du Serviteur de Dieu en tête de ses œuvres.*

La *Vie des Saints*, tirée des écrivains Ecclésiastiques, et revêtue d'approbations, en 2 volumes in-4°, le nomme *Bienheureux*, au 12 juillet.

La grande *Vie des Saints*, d'après les auteurs originaux, publiée en 1722, en deux grands tomes in-folio, donne une vie fort longue et très circonstanciée de notre Bien-heureux, dans le supplément au 12 juillet, colonne 1548 et suivantes. Cette *Vie des Saints* a eu plusieurs éditions. « La réputation de sainteté de Gerson est si grande, lit-on au début de sa vie, les services qu'il a rendus à l'Église sont si importants, et sa piété est si reconnue de tout le monde qu'il est étonnant que sa vie n'ait pas été mise aux Vies des Saints, où figurent celles de tant de personnes de piété. » On lit à la fin : « A son tombeau (de Gerson) retrouvé l'an 1643, Dieu fit un grand nombre de mira-cles par son intercession. »

Le livre des *Offices propres à l'église paroissiale de saint Jean-en-Grève*, publié l'an 1742, avec approbation de Mgr l'archevêque de Paris, consacre une page à la louange de notre Bienheureux qui, durant plusieurs années, avait été curé de cette paroisse. Divers autres *livres d'Heures* en notre possession, et approuvés de l'autorité ecclésiastique, le présentent aussi dans leur calendrier, au 12 juillet, sous le même titre de *Bienheu-reux*. Ainsi, *L'Office de l'Église* en latin et en français, dédié au roi et publié chez Pierre le Petit, a porté au calendrier de ses vingt-six éditions le titre de *Bienheu-reux* décerné à Gerson.

L'*Invocation et l'Imitation* des Saints pour tous les jours de l'année, Paris, Claude Hérissant, 1724, cite Gerson avec le titre de *Bienheureux*, au 12 juillet.

Un livre d'*Exercices de piété*, du père Henri Vignier, et approuvé par Mgr de Loménie de Brienne, évêque de Coutance, donne à lire au calendrier: 12 juillet, Saint Gerson.

Des auteurs célèbres le nomment formellement : *sancte Gerson*. Ainsi le père Escobar de Mendoza, de la compagnie de Jésus, (mort en odeur de sainteté [1],) ainsi encore l'auteur de sa vie en tête de ses œuvres le nomme *Doctissimus et sanctissimus Gerson*.

Nous avons rapporté dans la *Clé de l'Imitation* que Mgr Mioland, d'abord supérieur des missionnaires de Lyon, puis évêque d'Amiens, puis archevêque de Toulouse, répondait ordinairement à ceux qui lui parlaient du Chancelier : « *Nous ne l'appelons guère que saint Gerson dans notre ville de Lyon.* »

Mgr Pavy, qui peut-être bien sera canonisé un jour et dont tout le monde connaît le dévouement au Souverain Pontife, ne tenait pas un autre langage, et il fit lire un Mandement en chaire dans toutes les églises de son diocèse pour exalter les vertus, les travaux les mérites, la sainteté et la gloire du sublime saint Docteur de l'Église, comme il le qualifie dans son livre : *Culte de la sainte Vierge*. Le vénérable M. Pupier, curé de Saint-Paul, à Lyon, nous écrivait, le 5 juillet 1872 : « On conserve à Saint-Paul un grand sentiment de vénération pour la mémoire du bienheureux Gerson. Je suis heureux de vous avouer que j'aime et j'admire profondément l'illustre et saint Chancelier, que je suis fier d'être à la tête d'une église où il laissa tant et de si touchants souvenirs. » Le 5 février 1873, M. l'abbé Vianay, vicaire à Saint-Paul, en nous adressant de nouveaux documents de la part de M. le Curé, disait de Gerson : « Nous nous plaisons à parler de son humilité, de son zèle, de sa piété et de ses rapports admirables avec les enfants, à la paroisse de Saint-Paul... »

[1] *In Evangel. sanctor.* fol. tom. III. p. 110.

Plus de cinquante Conciles ou Synodes dans les diverses provinces de l'Univers catholique citent et recommandent aux pasteurs ce saint Docteur « grand, illustre, vénérable, pieux, savant et zélateur des âmes ; ce directeur hors ligne pour rasséréner les consciences, ce modèle des ministres de l'Évangile,» auquel, durant plus de deux siècles, la piété, non seulement des peuples, mais des rois et des évêques rendit sans opposition ni protestations de Rome les honneurs solennels des Saints[1]. De ce grand nombre de synodes, nous signalons ceux de Paris 1506-1537, de Clermont 1507, de Chartres 1509-1526-1530-1575, de Meaux 1509-1511, de Sens 1524-1534, de Toulouse 1526-1550, de Beauvais 1554, de Rhodez 1552, de Châlons 1557, etc., etc.

Quelques-uns des ouvrages du saint Docteur sont recommandés et donnés pour règle dans au moins trente Rituels de France et aussi à l'étranger, notamment dans celui de Genève sous l'épiscopat de saint François de Sales. M. Vert[2] affirme « qu'ils étaient recommandés par les Rituels de la France entière, au XVI° siècle et en face du protestantisme.» On croira sûrement l'un des plus grands adversaires du vénérable Chancelier M. Loth, qui écrit dans la *Revue des questions historiques* : « On compte vingt-deux diocèses en France et de la Belgique qui avaient *l'Opus tripartitum* du même Chancelier, dans leurs rituels de *son vivant*[3]. » Que désirer de plus ?

Voici, toujours, d'après Benoît XIV, les pièces de conviction à produire pour obtenir la consécration par le Souverain Pontife du cas privilégiés ou *culte immémo-*

---

[1] M. Ch. Vert. *Études histor. et crit. sur l'Imit. de Jésus-Christ,* III° part. p. 252.

[2] *Eternelle consolation*, Conclusion.

[3] *Clé de l'Imit. de Jésus-Christ.* Chap. I, art. 13.

rial. Toutes les marques d'un culte public défendues par Urbain VIII pour les serviteurs de Dieu morts depuis ses décrets, sont précisément celles qu'il faut faire valoir à Rome, pour le cas, par exemple, de notre bienheureux Gerson.

« Ainsi les actes et les monuments, des autels érigés, des cierges brûlés, des tombeaux décorés, des tableaux exposés dans les églises, des reliques distribuées, des translations solennelles, des visites épiscopales aux tombeaux des serviteurs de Dieu, des fondations et legs pieux, des témoignages publics ou imprimés d'historiens et d'auteurs.

« Le concours des peuples autour du tombeau, les vœux adressés, les guérisons publiées, les actions de grâce solennellement offertes, les bonnes œuvres et les pratiques de piété racontées avec éloge, citées pour exemple, ou relevées comme merveilleuses, tous ces différents objets doivent contribuer, dit Benoit XIV, à appuyer le privilége du *culte immémorial* ou cas privilégié [1].

A l'exception de la translation des reliques du bienheureux Gerson, toutes ces choses ont été observées dans son culte. Tous ces témoignages paraissent, à divers Personnages éminents et influents dans l'Église, suffisants pour solliciter du Saint-Siége ou du Souverain Pontife, ce qui est tout un, la consécration solennelle du culte immémorial décerné au *bienheureux saint Jean Gerson.*

Ce sera une grande gloire pour la sainte Église dont Gerson, après en avoir été le vaillant défenseur, est cité par des évêques, des saints et des jésuites, comme l'un de ses excellents Pères et Docteurs.

---

[1] Cf. *Analyse de l'ouvrage de Benoit XIV sur les béatif. et canonis.*, approuvé par lui-même. Liv. II. chap. III. etc.

Ce sera aussi une gloire incomparable pour notre France qui a produit un fils si illustre par sa science et par ses héroïques vertus ; pour le pays qui l'a vu naître, dépendant de Barby, près de Réthel dans les Ardennes, et qui est complétement disparu, ne laissant pour souvenir que des champs, des rues, et surtout, ce qui est rare, un Saint de ce nom, ainsi que les ossements précieux de sa sainte mère comparée à sainte Monique, dont l'église de Barby est l'heureuse propriétaire.

Ce sera enfin pour les diocèses de Reims, de Paris et de Lyon plus particulièrement, un honneur et une gloire impérissables. Pour le diocèse de Reims, où le Serviteur de Dieu est né, où il a passé son enfance si pieuse ; pour celui de Paris, où il a vécu trente neuf années, où il laissa des traces profondes de son zèle et de ses vertus ; pour celui de Lyon où, après avoir passé les dix dernières années de sa vie, au retour de l'exil, à l'ombre tantôt d'un cloître des Célestins sous la règle de saint Benoît, tantôt du cloître de l'église collégiale de saint-Paul, où il catéchisait les petits enfants pauvres, il termina sa brillante carrière avec la réputation d'un grand saint, d'un illustre prophète et d'un glorieux thaumaturge[1].

---

[1] Les témoignages ne manquent pas sur ce grand et saint homme, mort entouré de la vénération publique. Le Cartulaire de Notre-Dame de Paris, à la date du 12 juillet, fait mémoire de son décès en ces termes : *Item obüt, toto orbe christiano notus, Joannes Gerson Cancellarius et concanonicus noster sacerdos.* Cette sorte d'oraison funèbre à Notre-Dame, ne vaut-elle pas le plus long discours ?

En 1405, et années suivantes, notre Gerson fut curé de St Jean en Grève, à Paris. Le livre liturgique des offices propres à cette église paroissiale, publié en 1742, par l'ordre de Mgr l'archevêque de Paris, lui consacre une page charmante qui résume sa

Si tous les vrais catholiques sont intéressés à la glorification solennelle du bienheureux Gerson, chancelier de Paris, combien plus les nobles enfants de la France, combien davantage encore les Rémois, les Parisiens, les Lyonnais ? Il n'appartient qu'au souverain Pontife, *qui a la plénitude de toute puissance sur la terre, et dont le pouvoir est sans limites, comme l'enseigne notre Bienheureux* [1], de poser l'auréole des Saints sur la tête de ce glorieux Défenseur de l'Église, de ce *Génie de la Foi et de la Charité chrétienne*, comme parle une approbation épiscopale de Mgr l'évêque de Troyes, du 21 Juin 1854.

Sans doute, pour cette grande et sainte cause qui est du ressort de l'autorité Ecclésiastique compétente, il

belle vie. On y lit qu'après sa mort la sainteté de sa vie avait été confirmée par des miracles ; qu'on trouve cette vie très-édifiante dans les *Vies des Saints in-folio*, parmi celles des Bienheureux... Le souvenir de ses vertus et de sa sainteté s'est donc conservé à saint Jean-en-Grève jusqu'aux jours néfastes de 1789. Cf. *La danse Macabre compos. par maist. Jehan Gerson*, publiée par M. l'abbé Valentin Dufour, in-4°, chap. IV. (*Le chanc. Gerson poète, son œuvre.*)

[1] *Papa enim canonice creatus, et electus in summum Pontificem habet plenitudinem potestatis in terra, et non potestatem limitatam.* Gerson, *In Floretus, lib.* III, *Fol.* 325.

On nous permettra d'ajouter une remarque de l'éloquent cardinal Pie, évêque de Poitiers qui, sans contredit, a bien étudié notre saint Docteur. « Une lecture attentive de la vie et les œuvres complètes du fameux chancelier Gerson, dit cette Éminence, permet de ratifier l'observation faite par ses biographes. L'éminent Cardinal cite Feller, l'un d'eux, qui démontre universellement que notre Gerson a toujours non seulement été en communion avec l'Église romaine, mais même qu'il a défendu avec les termes les plus énergiques les prérogatives du Souverain Pontife. « Cf. *Instr. Pastor.* de son Éminence le cardinal Pie, sur le culte de St Joseph.

faut des documents, des preuves ou témoignages qu'on trouvera surabondants, mais il importe aussi de mettre le Ciel avec nous, de lui faire en quelque sorte une sainte violence par la prière. Il faut donc que toutes les âmes qui sentent battre en elles ces deux grandes et saintes passions, l'Église et la France ; que toutes les âmes qui aiment bien Dieu et son doux Fils Notre-Seigneur, qui honorent dévotement la Vierge Marie et saint Joseph, qui désirent beaucoup la vraie civilisation du peuple par l'instruction et l'éducation chrétienne des enfants, surtout des enfants abandonnés, se joignent à nous, ou plutôt à notre très-honorable Clergé de France, et prient avec ardeur le Dieu admirable et glorifié dans ses Saints, d'inspirer aux princes de l'Église, successeurs des Apôtres, de demander au Saint-Siége la glorification solennelle de Gerson, l'incomparable catéchiste et maître des petits enfants.

Il faut que ces âmes sensibles et généreuses pour les intérêts de Dieu dans les âmes des petits qui leur tendent les mains, et dont les Anges gardiens leur tiendront compte, que ces âmes reconnaissantes en un mot, supplient avec instance et avec larmes la bienheureuse Vierge Marie, dont le grand Docteur fut le vengeur de l'Immaculée Conception, saint Joseph, dont il fut le plus zélé glorificateur, d'obtenir enfin du Ciel l'entière glorication du bienheureux Gerson.

Il nous semble que le moment est définitivement arrivé où la mémoire du vertueux et saint Chancelier de Paris, ardent adorateur du Christ, fervent Serviteur de Marie et de Joseph, ami et apôtre par excellence de l'enfance, va être plus solennellement que jamais mise en honneur... Comme l'a écrit un grand chrétien et un célèbre littérateur Lyonnais : « A l'homme que nos an-

7*

cêtres ont vénéré nous devons bien aujourd'hui une réhabilitation [1]. »

Une canonisation solennelle par le Souverain Pontife, sera bientôt, osons l'espérer et l'attendre avec confiance, la consécration la plus haute et la plus durable de l'éminente sainteté et de la science hors ligne du grand Docteur. « Je concevrais difficilement, écrivait à la fin du siècle dernier un pieux et savant abbé général de l'Ordre de Prémontré, que cet honneur ne fut pas aussi légitimement rendu à Gerson qu'à tous ceux à qui Rome l'a décerné depuis ; aucun d'eux ne l'ayant mérité davantage [2]. » Cette observation est répétée par d'autres écrivains catholiques...

Fidèles pieux, prions donc, prions beaucoup, dévotement et persévéramment pour cette cause si noble, si belle, si sainte, si glorieuse pour la sainte Église de Dieu et pour la France, Nous en avons la certitude morale, l'Évangéliste, l'Apôtre et le Docteur de l'enfance, de la sainte Famille, Jésus, Marie et Joseph, aura les honneurs incomparables d'un culte public. Ce sera pour notre temps et pour l'avenir une éternelle protestation contre l'envahissement de l'enseignement et d'une éducation athées, matérialistes, qui nous menacent de toute part. Ce sera alors, comme nous l'écrit un pieux et zélé Curé, que nos universités catholiques se mettront sous le patronage du grand Chancelier, *Saint Gerson.*

Nous insistons sur le concours des catholiques sincèrement chrétiens, parce que dans cette cause l'enfer dont les intérêts vont se trouver gravement compromis dressera ses batteries, agitera ses agents, suscitera,

---

[1] M. Aimé Vingtrinier, *Revue du Lyonnais*, xxxiii° année, tom 1. p. 320.

[2] L'Écuy, *Essai sur la Vie de J. Gersvn. tom* i.. *p*, 252.

comme il le fait pour l'ordinaire dans ces grandes et saintes causes, des contradicteurs violents, tenaces, intrigants et même masqués sous le voile de la vérité, du zéle, de la piété ; le sophisme n'en doutons pas jouera tous les ressorts imaginables. Çà toujours été la tactique de Satan. Mais la prière humble et constante, brisera les forces de l'enfer, détruira ses ruses et confondra ses impuissants organes.

Nous ne pouvions dissimuler en ce point. Le bienheureux Gerson a trop ouvertement fait la guerre aux pharisiens de son temps et à ceux des âges futurs, pour que l'enfer se taise devant une manifestation destinée à accélérer le jour heureux qui verra poser par le successeur de saint Pierre, le vicaire du Christ, Chef infaillible de l'Église, l'auréole des Saints sur son noble front. Gerson a trop combattu l'enfer, pour que les suppôts de l'enfer ne combattent pas à outrance, sous les plus spécieux prétextes, ses vertus, sa sainteté, ses mérites, ses miracles, sa gloire.

C'est afin de rappeler aux pieux fidèles qui nous feront l'honneur de nous lire, avec quelle confiance ils peuvent s'adresser à Dieu par son Fils Jésus-Christ, et à Jésus-Christ Notre-Seigneur par la médiation de Marie, sa douce et virginale Mère, par celle aussi du glorieux saint Joseph, que nous exposons d'une manière succincte et en nous appuyant uniquement sur d'incontestables autorités, un sommaire des travaux de l'immortel Chancelier pour les faire honorer et glorifier dans l'Église.

CULTE

DE MARIE & DE SAINT JOSEPH

CHAPITRE PREMIER

INFLUENCE DU BIENHEUREUX GERSON POUR LE CULTE
DE LA VIERGE MARIE

ARTICLE I

*Gerson invincible Défenseur du privilége de l'Immaculée-
Conception de la Mère de Dieu.*

Parmi les serviteurs et les panégyristes de la glorieuse Vierge, Mère de Dieu, les défenseurs de ses priviléges et de son culte, il serait difficile d'en trouver un qui ait surpassé le saint chancelier Gerson. Ce qu'il a dit et ce qu'il a fait pour honorer lui-même et faire honorer par les autres cette Reine des Anges est certainement au-dessus de toute expression.

Tout petit enfant son pieux père, Arnoult-le-Charlier et surtout sa pieuse et sainte mère, Elisabeth-la-Chardenière, lui avaient appris à prononcer conjointement avec le nom sacré de Jésus, le doux nom de Marie, et déjà il récitait fréquemment avec la piété la plus singulière la *Salutation angélique* et le chapelet.

Marie, la tendre et bonne Marie, ou plutôt Jésus, Marie et Joseph faisaient les délices et la joie du saint enfant de Barley. Au nom de Jésus et de Marie, il associait celui de Joseph le tuteur du Christ et chaste Epoux de la vierge, pour lequel il témoigna toujours la dévotion la plus sincère. On l'a dit bien des fois, aimer la Sainte Famille, c'est un signe de prédestination pour le ciel. Nous verrons quelle influence salutaire exercera sur notre Bienheureux ce culte béni, si cher à son cœur. Assurément, nul n'a plus que lui travaillé pour la glorification de la Famille de Nazareth.

Nous ne dirons pas que, durant son enfance si pieuse, il ne se trouvait réellement heureux que lorsqu'il priait devant un grand Crucifix suspendu à la muraille, à l'intérieur du foyer domestique, et devant lequel, comme il le dit, son père le faisait mettre à genoux bien dévotement ; ou lorsqu'il se recueillait dans l'attitude de l'adoration au pied de l'autel, à l'église de la paroisse, à côté de son excellente mère [1], ou lorsqu'il se reposait dans le silence de l'oraison de cœur à l'ombre de l'image de la divine Marie, qu'il aimait à saluer avec une vénération singulière. Nous ne le suivrons pas ici dans tous les sentiers de sa belle et sainte jeunesse, copiée sur celle du Sauveur, où sans

---

[1] Une réflexion pénible nous attriste ici : combien à cette heure sont de grands réprouvés ; combien qui ont portés leur tête coupable sur l'échafaud, pourrissent languissants dans les prisons et les bagnes, qui eussent été de grands hommes, peut-être même de grands saints, au moins des citoyens honnêtes et vertueux, l'honneur de leur patrie, s'ils eussent reçu d'une mère pieusement chrétienne une éducation soignée.— Voyez à ce sujet notre ouvrage *Feminiana*, approuvé par quatre cardinaux et un grand nombre d'évêques, 4e édit., in-12.

aucun doute se manifesta toujours plus vive sa tendre piété pour la Mère de Jésus. Nous exposerons
simplement quelques-uns des actes qui rendirent sa vie
si saintement recommandable, et quelques pensées extraites de ses beaux écrits sur la bienheureuse Vierge,
car, dit un auteur, « il a composé plusieurs beaux ouvrages[1]. » Ces pensées, nous les donnerons traduites autant que possible par d'autres, pour les raisons allé-
guées précédemment, et parce qu'elles auront ainsi
plus de poids.

Tous les priviléges de Notre-Dame furent toujours
bien chers au saint Chancelier de Paris. Mais celui qui
l'attirait le plus fortement, celui pour lequel il aurait
donné mille vies, l'Immaculée Conception avait toutes
ses prédilections. Il le considérait comme le fondement
des grandeurs et des gloires de la Mère du Dieu trois
fois Saint.

Aussi, quoique l'Église n'eût pas encore défini cette
vérité pour laquelle elle inclinait pourtant, mais qui était
une opinion libre et contestée, notre pieux Docteur ne
laissa pas de la défendre de vive-voix et par écrit, avec
une grande circonspection. C'est que pour l'illustre
Champion de la Mère de Dieu, si la cause d'un si beau
privilége venait à triompher, la victoire serait très-cer-
tainement due à la piété française. A cette époque une
question religieuse, celle-ci surtout, était de nature à
agiter le monde entier.

Donc en 1387, le savant Gerson n'étant encore que
bachelier au collége de Navarre, l'Université de Paris
lui donna une marque de considération non moins ho-

---

[1] H. Le Bret, prévôt de la cathéd. de Montauban : *Hist. Univ.*,
sous l'année 1420.

norable pour la science qu'il avait acquise sous des maîtres habiles, nommément Pierre d'Ailly, depuis évêque et cardinal, que pour son extraordinaire piété envers la divine Mère.

La croyance à l'Immaculée Conception de Marie était alors assez répandue. Depuis longues années des églises particulières, l'ordre surtout du séraphique saint François honoraient ce privilége par une fête spéciale. Tout à coup, il se vit étrangement attaqué. Un dominicain, Jean de Montesson soutenait en public, non seulement que Marie avait été conçue dans le péché, mais encore que la doctrine contraire était opposée à l'Écriture Sainte.

La faculté de Théologie condamna ces propositions et ordonna que Montesson viendrait les rétracter dans l'assemblée qui devait se tenir le 6 juin 1387.

Montesson y comparût, et déclara qu'il soutiendrait jusqu'à la mort les propositions condamnées. La Faculté le dénonça à l'Université qui confirma le jugement et déféra ce religieux à Pierre d'Orgemont, évêque de Paris, juge naturel et compétent de pareils débats. Montesson cité, refusa de se rétracter. Alors l'évêque, de l'avis de son conseil, prononça le 23 août une sentence par laquelle il défendait, sous peine d'excommunication encourue *ipso facto*, d'enseigner ou soutenir ces propositions. Il déclara Montesson *contumace*, ordonna de le saisir partout où l'on pourrait le trouver, de le conduire en prison, et de recourir au bras séculier s'il en était besoin. Ainsi la piété envers Marie était profondément enracinée dans les cœurs...

Montesson n'attendit pas l'exécution de ces rigoureuses mesures. Il appela de la sentence de l'Évêque et du jugement de l'Université à Clément VII ;

il se déroba secrétement de Paris et s'enfuit à Avignon, soutenu par certains membres de son Ordre, qui croyaient que les propositions condamnées n'étaient rien autre chose que la doctrine de saint Thomas que l'on attaquait. Grâce à cette protection, Montesson trouva d'abord quelque faveur auprès de la cour pontificale. On y reçut son appel, et le Pape nomma pour l'examen de sa cause une commission dirigée par trois cardinaux qui devaient lui en faire le rapport. Montesson osa y faire citer l'Université de Paris, qui aussitôt y envoya une députation. Elle était composée de Pierre d'Ailly, docteur de Navarre et grand maître de ce collége, de Gilles des champs, de Jean de Neuville, bernardin, de Pierre d'Alainville, bénédictin, et professeur de droit canon, et enfin de notre Gerson, estimé pour sa piété et ses talents précoces.

Avant ses entrefaites, l'Université avait adressé à tous les fidèles du monde catholique des lettres circulaires, dans lesquelles elle rendait compte de la manière dont elle avait agi dans cette affaire, ces lettres sont datées du 14 février 1388.

Cependant les députés étaient arrivés à Avignon. Pierre d'Ailly, comme chef de la députation, porta la parole et prononça deux harangues en présence de Clément VII et du sacré collége. Notre Gerson parla aussi, après son vénérable maître, d'une façon si éloquente, « qu'il reçut, dit un historien, un témoignage du pape Clément VII [1]. » La dispute dura trois jours, après quoi le Pape, persuadé par les fortes raisons des défenseurs de la Vierge Mère, se prononça pour les membres de l'Université contre le père Jacobin.

---

[1] R. Thomassy. *J. Gerson*, chap. II, sec. édit. libr. Périsse, 1852.

Montesson pressentit que l'issue de cette affaire ne lui serait pas favorable. Craignant d'être arrêté et renvoyé à Paris, où on le contraindrait de se rétracter, il quitta furtivement Avignon et s'enfuit en Aragon. Clément, avons-nous dit, avait nommé une commission de cardinaux pour examiner la cause et lui en faire le rapport. On fit en vain chercher Montesson. Il fut cité par des proclamations publiques,et ne s'étant point présenté au jour désigné, il fut déclaré *contumace* et *excommunié.* Ce jugement daté du 27 janvier 1389,fut publié à Paris, le 17 mars suivant.

Quelque solennel que fut ce jugement, les Dominicains refusèrent de s'y soumettre. Ils crurent que la doctrine de saint Thomas y était compromise et leur attachement pour le grand Docteur leur fit préférer d'être exclus de l'Université, plutôt que de souscrire à la condamnation de Montesson.

Mais l'exclusion de l'Université ne fut pas le seul inconvénient auquel ils demeurèrent exposés. Ils ne pouvaient plus ni prêcher, ni confesser, ni exercer aucune fonction du ministère. Leurs adversaires pensaient d'ailleurs pouvoir jouir de tout leur triomphe en voyant le très-savant Pierre d'Ailly nommé bientôt après, par le Souverain Pontife, chancelier de Notre-Dame et de l'Université de Paris. Alors il y eut contre eux un soulèvement presque général,on leur refusait les offrandes et les aumônes, au moyen desquelles ils subsistaient en partie, on les insultait dans les rues ; quelques-uns même furent jetés dans des prisons. A peine osaient-ils se montrer.

L'Univer sité obligea ceux qui étaient imbus des erreurs de Montesson à se rétracter. Quelques-unes de ces rétractations mériteraient d'être remarquées comme celle, par exemple,du dominicain Guillaume Guallois, évêque d'Évreux, qui fut faite solennellement dans la chapelle du roi, au Louvre, le 17 février 1389, en présence de sa majesté, de plusieurs évêques, ducs et autres seigneurs. Cette rétractation fut suivie de plusieurs autres.

L'Université fit ensuite un décret devenu très célèbre, par lequel était exclu de son sein ou ne pouvait y être admis, quiconque ne s'obligerait pas par serment à condamner la doctrine de Montesson et à vivre dans la croyance au privilége le plus glorieux de Marie,Mère de Dieu, celui de son Immaculée Conception [1].

Nous ne doutons pas que notre Gerson, qui contribua avec tant de zèle à formuler ce même décret, n'apportât tous ses soins à son entière exécution ; rien de ce qui touchait à la Reine des Anges et à son culte ne lui paraissait indifférent. D'ailleurs, Chancelier de l'Université, en revêtant les nouveaux Docteurs de leurs insignes, et avant de leur donner la licence, il exigeait d'eux ce serment de croire et enseigner que *Marie avait été conçue sans péché*. Incontestablement ce fut là l'un des plus beaux rayonnements de cette plus célèbre Université du monde catholique.

Les Dominicains s'aperçurent bientôt des suites fâcheuses de l'affaire de Montesson. Afin d'apaiser le mécontentement général, ils se déterminèrent à suivre l'exemple de la plupart des églises, et à célébrer dans les leurs la fête de la Conception Immaculée de Marie. Ils gardèrent le silence sur le point de doctrine et cessèrent d'enseigner que Marie avait été conçue dans le péché.

---

[1] *Nemo deinceps præfatæ Universitati adscribatur nisi strenuum propugnatorem (Mariæ gloriæ) pro viribus futurum confirmet sacramento (Statut. Universit. Paris.)*

On les laissa en paix, et ils purent reprendre les fonctions du saint ministère. Mais ne voulant pas prêter le serment exigé, ils demeurèrent exclus de l'Université et de l'admission aux grades.

Ce ne fut que par la suite, lorsque Gerson qui avai été nommé par le pape de Rome Chancelier en remplacement de d'Ailly devenu évêque, et par ses soins que en 1403, les enfants de saint Dominique furent réconciliés avec l'Université. Notre Bienheureux montra à l'égard de cet Ordre si justement célèbre, qui rend toujours de si grands services à l'Église et à la Société, toute l'estime la plus profonde et la reconnaissance la mieux méritée.

« Gerson, dit un historien, avait l'ordre de saint Dominique en grande estime, à cause des hommes célèbres qu'il avait produits, et des services qu'il rendait à l'Église. Il voyait avec peine que depuis qu'ils ne s'en occupaient plus, les prédications étaient devenues plus rares, et que le peuple était privé des instructions que faisaient ces religieux avant leur exclusion [1]. »

L'amour inénarrable du chancelier Gerson pour l'incomparable Vierge, Mère de Dieu, fit qu'il s'attacha avec un saint enthousiasme à son privilège, et, pour lui, cette opinion était l'objet de sa croyance et de son culte.

L'image de la pureté des mœurs, si touchante et si persuasive qui, comme fruit sans doute de sa tendre piété pour le privilége si glorieux de Marie conçue sans péché, a si constamment distingué le clergé de France, nous est également offerte au degré le plus élevé dans

---

[1] L'Écuy, abbé général de Prémontré, *Essai sur Jean Gerson* 1. 283.

la vie extrêmement militante du bienheureux Jean Gerson « *le plus saint et le plus intrépide Défenseur de l'Unité sainte que*, (grâce à la protection de Marie) *la France ait fourni à l'Église*, » comme s'exprime un écrivain, non moins remarquable par sa modestie que par sa science et l'éclat de ses talents, M. Léon Gautier [1]. Son nom seul *Gerson*, « l'un des plus grands noms de la Théologie catholique, dit don Guéranger, dans son *Mémoire sur l'Immaculée Conception*, nous donne l'idée du plus grand serviteur de Marie qui fut jamais. »

ARTICLE II

L'usage de la Salutation Angélique avant la prédication, dû au zèle de Gerson.

Que n'a pas fait l'immortel Chancelier de Paris pour faire honorer la très-douce Vierge Marie ? Entre autres pratiques l'Église lui doit l'usage, aujourd'hui universel, où sont les Prédicateurs de la Parole sainte de réciter et faire réciter à leurs auditeurs la Salutation Angélique ou *Ave Maria* dans l'exorde même de leurs sermons, discours, ou panégyriques. La divine Marie est non seulement la Fille bien-aimée du Père éternel, la Mère chérie du Fils, elle est aussi l'Épouse glorieuse du Saint-Esprit. Et comme tout don excellent vient d'en-haut du Père des lumières, l'Église a recours au Saint-Esprit par la Médiation de Celle par laquelle la lumière divine

---

[1] M. Léon Gautier, *Prières à la Vierge*, xve *siècle* (*suite*) *Paris, V. Palmé.*

a éclairé le monde ; elle fait réciter l'*Ave Maria* pour que
parole de Dieu, fécondée par l'Esprit-Saint, éclaire et
réchauffe les âmes, les dispose ainsi à suivre avec docilité les enseignements du Ministre de l'Évangile.

Cette innovation salutaire, qui a bien son importance,
fait le plus grand honneur à notre glorieux père Gerson.
Sa position lui était favorable pour inculquer cette édifiante pratique. Chancelier de Notre-Dame, il conseillait
aux prédicateurs et aux nouveaux Docteurs à qui il
accordait, de par l'autorité du Saint-Siège apostolique
de Rome, la licence d'enseigner, de recourir fréquemment
à la protection de la bienheureuse Vierge, surtout avant
la prédication par la *Salutation Angélique*, et de saisir
cette occasion si favorable pour exciter ou entretenir
dans le cœur des fidèles auditeurs le sentiment de la
piété envers l'aimable Mère de Dieu. Lui-même était on
ne peut plus fidèle à cet hommage décerné à la Vierge
bénie. Aussi, en tête de ses nombreux et très-excellents
sermons, comme des écrivains d'autorité les ont qualifiés,
nous lisons toujours l'*Ave Maria*, précédé des éloges et
titres les plus magnifiques que sa dévotion lui inspirait,
selon les occurrences, à la louange de la glorieuse Vierge,
Mère du Sauveur des hommes.

Quelques-uns avaient essayé de faire honneur de ce
pieux usage à saint Vincent Ferrier. Nous avons démontré ailleurs par des raisons victorieuses que l'Église en
est redevable à notre bienheureux Gerson. Et le premier discours qu'à son retour de Rome, en 1382, il prononça, quoique simple bachelier en théologie [1], de-

---

[1] En 1382 il était âgé de 19 ans, ce talent précoce cesse de
nous étonner, lorsque nous apprenons qu'à l'âge de 22 ans, ce
jeûne homme composa un ouvrage où son âme pieuse révélait,
comme dans un reflet virginal, le but instinctif de sa nature :

vant ses anciens maîtres et condisciples, à l'honneur de saint Louis, porte inscrit en tête la *Salutation Angélique*. Saint Vincent Ferrier ne commença ses prédications au peuple, qu'après qu'il eut été reçu docteur, en 1384, encore dans quelques-uns de ses discours il se contente de dire : « Saluons la sainte Vierge. »

Afin que ceux qui ne connaissent pas les sermons de notre docteur Gerson, se forment une idée autant juste que possible de la manière dont il louait la sainte Mère de Dieu, nous donnons quelques-unes de ces formules qui lui étaient ordinaires.

« Tenez-vous maintenant, ô très-dévôt peuple chrétien, avec un grand respect, dans la paix, le silence, dans la sainte, humble et pure dévotion, comme lorsque vous êtes en la présence du béni corps de Jésus-Christ. Ce que je ne dis point par égard pour ma personne, loin de moi semblable présomption, mais pour la majesté de Dieu qui est ici. Et afin de plutôt obtenir la grâce d'être mieux éclairés de la vérité, sur ce que je vais dire de la divine Trinité, et pour que nous soyons excités à faire le bien et à aimer Dieu, saluons la glorieuse Vierge, ce Temple saint, ce Palais merveilleux, ce Tabernacle si noble de la divinité, disons-lui dévotement *Ave Maria* [1]. »

« Puisque sans la grâce et la vertu du Saint-Esprit, la parole de Dieu ne peut nous profiter, nous recourons à vous, Vierge très-digne qui, après Jésus-Christ, êtes la glorieuse Demeure de l'Esprit-Saint, et qu'il a aujourd'hui remplie de ses dons et de ses grâces avec plus

c'était Les noces du Théologien avec la Sagesse. *Nuptiarum theologi cum sapientia.* Ce titre attestait que la science mystique était désormais sa seule fiancée.

[1] *Sermo in Festo Sanctæ et individ. Trinitatis.*

d'abondance que les Apôtres. Non seulement cette plénitude vous a été donnée pour votre usage, mais aussi pour que vous en répandiez la surabondance sur nous, pauvres mendiants, qui sommes dans la misère la plus extrême[1]. C'est pour obtenir de cette plénitude que vous aviez déjà reçue par le salut de Gabriel pour tout le genre humain, que nous vous disons avec dévotion, *Ave Maria*...[2]»

« Vous particulièrement, Vierge très-digne, avez écrasé la tête de l'ancien serpent, selon la promesse divine. Vous régnez sur tous les Anges, ayant été élevée au-dessus d'eux, soyez notre secours; nous vous en prions par cette belle salutation que vous présenta Gabriel, C'est pour nous rappeler à votre souvenir, que nous disons à votre honneur : *Ave Maria*[3]... »

« Vous, Vierge glorieuse que Dieu a établie Reine et Patronne singulièrement sur tout le royaume de France, qui avez mérité d'être appelée Reine des Cieux et dite Bienheureuse par toutes les générations, nous vous implorons pour obtenir la grâce, en vous adressant ce salut : *Ave Maria*[4]... »

C'est une sainte et salutaire pensée, que de prier pour les défunts. C'est également une pensée sainte et salutaire de vous prier pour ces morts, vous, Vierge et Mère très-digne, qui êtes la Sainte des saints, en qui sont toutes les pensées saintes et salutaires plus que dans tous les autres hommes ; c'est afin que vous suppléiez à ce qui manque à notre piété, selon que nous

---

[1] *Misellis indigentibus... Misellis* ne se trouve que chez l'auteur de l'*Imitation*, dont voici les paroles : *dignum est ut ego misellus peccator*. Imit. Christi, iii, 18.

[2] *Sermo De Spiritu Sancto.*

[3] *Sermo De sancto Michaele.*

[4] *Sermo III de sancto Ludovico.*

vous en prions, que nous sommes rassemblés ici, dans l'espérance de votre secours que nous sollicitons, vous saluant et disant, « *Ave Maria*[1]. »

Le Chancelier savait profiter des moindres occasions pour rappeler au peuple, en public comme en particulier, les priviléges, les grandeurs et les gloires de l'incomparable Vierge ; à tous il faisait partager son pieux enthousiasme pour cette Mère du bel amour, cette douce Souveraine, cette Trésorière des grâces. Tous les titres les plus beaux, les éloges les plus ravissants, décernés par saint Gerson à la Vierge Marie, se trouvent dans ses *Exordes*.

ARTICLE III

Ecrits composés par Gerson à la louange de Marie.

Nous ne pouvons analyser convenablement ici tout ce que notre glorieux Père a écrit, dit et fait à la louange de la bienheureuse Vierge. Citons d'abord un de ses ouvrages qu'on a qualifié d'admirable, sur l'Humanité sacrée de Jésus-Christ[2]. Dans ce livre il loue fort la bienheureuse Vierge et, dit le père Perrone, jésuite de Rome, il y trace une règle d'or[3] pour justifier le beau privilége de Marie conçue sans péché. Il traite dans la première partie des grâces que Dieu a faites ou qu'il pouvait accorder à Marie ; et dans la seconde, des erreurs où étaient tombés quelques mystiques. Le saint

[1] *Sermo De defunctis, ad popul. Parisiens. in ecclesia sancti Severini.*

[2] *De susceptione Humanitatis Christi.*

[3] *Regula aurea*, Voir le traité de ce père : *De Immac. Concept. B. M. V.*

Docteur composa ce chef-d'œuvre de doctrine « à la prière du bienheureux Jean Bassand, célestin, que notre Gerson appelle un homme plein de pénétration, auquel il aimait à communiquer ses ouvrages, dit M⁣gr Guerin, et dont il recevait volontiers les avis sur ce qu'il devait corriger [1]. »

Son travail le plus beau, dit une savante plume parlant de ce Père, est celui qu'il a fait dans sa vieillesse pour satisfaire à son extrême affection pour Marie sur le Cantique de la Vierge [2]. Il est divisé en douze traités appliqués chacun à un sujet particulier, comme de l'élévation de l'esprit vers Dieu, de l'œil spirituel, de la perle précieuse, de la triple vision divine, de la concorde de la Théologie mystique avec la scolastique, des saints Noms de Dieu, des lamentations de Marie, de la crainte du Seigneur, de la connaissance de Dieu et de la pureté du cœur, de la garde des Anges, des tromperies du démon, de la dévotion à l'Ange gardien, des suggestions diaboliques, de l'Eucharistie et de ses admirables effets, de la sublimité de la contemplation de Marie. Il parle avec tant d'éloges de cette contemplation de la Vierge à toutes les pages d'un traité si admirable, que les experts ont considéré son saint auteur comme le grand précurseur et inspirateur de la séraphique sainte Thérèse. La Théologie mystique du saint Docteur atteint en effet, dans ce *Commentaire sur le Magnificat*, les hauteurs les plus sublimes de la science divine qu'il est possible à un

[1] Cf. Mgr Guerin, *Les petits Bollandistes*, tome x, *Vie du B. J. Sassand.* Dans l'histoire intime que nous préparons du saint docteur Gerson, nous montrerons combien constamment il fut humble et docile à suivre le sentiment d'autrui, quand la sagesse le réclamait.

[2] *Egron : Le culte de la S⁣te Vierge, chap.* xii, *Dévot. des saints person. à la Vierge.*

mortel de pénétrer. Et cette science est supérieurement vivante chez lui[1]. Ecoutons un juge aussi impartial qu'éclairé, l'une des plus brillantes lumières de l'illustre Compagnie de Jésus.

« Gerson, ce saint et savant Chancelier de Paris, dit le père Jean Crasset, ce grand homme qui était l'oracle de son temps, a été (parmi les Pères) l'un des plus dévôts à la sainte Vierge, et à son Époux saint Joseph.

« Il a composé trois sermons de la Conception Immaculée de la Mère de Dieu, (car il a été un de ceux qui ont soutenu et prouvé avec plus de force, qu'elle n'a jamais contracté le péché originel.) Dans celui qu'il prêcha à l'église de saint Germain-l'Auxerrois, il représente avec beaucoup d'esprit et de piété les vertus qui plaident devant ce trône de Dieu la cause de l'homme ; et sur la fin, il répond au témoignage de quelques Pères qui semblent dire que la Vierge a été conçue dans le péché.

« Il a fait aussi deux sermons de sa Nativité. Le premier traite des grandeurs de Marie et de son Époux saint Joseph. Dans le second, il dit que la Vierge est éclatante comme l'aurore en sa nativité, belle comme la lune en la conception de son Fils, choisie comme le soleil en son assomption, terrible comme une armée rangée en bataille, par le secours qu'elle donne à tous les hommes.

« Marie, dit-il encore, est une Aurore pour trois raisons. Comme l'aurore nous annonce la venue du soleil, Marie nous annonce l'arrivée de Jésus-Christ. Comme

---

[1] Cf. Mgr. Darboy, *Introd. aux œuv. de S. Denis*. Vict. Cousin : *Hist. génér. de la Philos.* IXᵉ Leçon.

8*

l'aurore produit la rosée, Marie est la Mère de la grâce
qui arrose les cœurs. Comme l'aurore chasse les voleurs,
ainsi Marie fait fuir les démons.

« Le plus beau de ses ouvrages est celui qu'il a fait
sur le Cantique de la Vierge en prose et en vers. Il l'a
fait, dit-il, dans sa vieillesse pour contenter sa dévotion.
A chaque verset du *Magnificat* il dit quantité de belles
choses du don de la contemplation qu'il avait en excellence, de l'union avec Dieu, du baiser mystique, de
l'extase, du ravissement, du vol de l'âme, etc. En d'autres endroits il rapporte les bons offices que nous rendent nos bons Anges, et les effets admirables que produit l'Eucharistie dans nos cœurs.

« Pour ce qui regarde la Sainte Vierge, continue le
savant et pieux Jésuite, il en parle partout et je serais
trop long, si je voulais faire un extrait des douze traités
qu'il a fait sur ce Cantique. Je marque seulement deux
endroits, dont l'un regarde les priviléges de la sainte
Vierge, et l'autre la vertu de son intercession.

« Dans le premier, il lui adresse ces paroles : *Dignare*
me laudare te Virgo sacrata, ô ter quaterque Beata !
Agréez que nous vous louïons, o Vierge sainte, trois et
quatre fois heureuse, il déclare ensuite sept de ses béa-
titudes : La première, c'est qu'elle a cru. La seconde,
qu'elle a été pleine de grâce, comme le déclara l'ange
Gabriel. La troisième, qu'elle a porté un fruit béni de
Dieu et des hommes. La quatrième, que le Tout-puissant a fait de grandes choses en elle. La cinquième,
qu'elle est la Mère de Notre-Seigneur. La sixième,
qu'elle est Vierge et Mère. La septième, qu'il n'y a jamais eu et qu'il n'y aura jamais de créature, quelque parfaite qu'elle soit, qui puisse lui être semblable.

« L'autre endroit où il parle de l'intercession de la Vierge, est le traité sixième, où il avance encore quelques propositions qu'il qualifie de foi, touchant la bienheureuse Vierge.

« La première, qu'elle ne demande rien à Dieu d'une volonté absolue, qu'elle ne l'obtienne. Autrement, dit-il, l'Époux et l'Épouse n'auraient pas une même volonté, et leur amitié ne serait pas parfaite.

« La seconde, que nul ne demande rien pour soi à Marie, avec dévotion et persévérance au nom de Jésus son Sauveur, c'est-à-dire pour son salut, que Marie n'en veuille l'accomplissement d'une volonté absolue.

« La troisième, que la Vierge maintenant demande et obtient plus efficacement de Dieu ce qu'elle désire, que lorsqu'elle était sur la terre, et qu'elle priait avec douleur et affliction.

« Il enseigne ensuite de quelle manière la Vierge nous aide en cette vie, savoir par impétration, par commission et par coopération. — Par impétration, priant pour nous, quoiqu'elle ne soit plus en état de mériter. Par commission, députant des Anges ou des Saints à notre secours ; car elle est auprès de son Fils la première des hiérarchies qui purge, éclaire et perfectionne tous les *ordres* inférieurs. Par coopération, descendant elle-même pour nous assister à la vie et à la mort ; comme il est constant, dit-il, par quantité de miracles, entre autres celui que rapporte saint Anselme, qui dit qu'elle se présenta à une personne mourante, et qu'étant interrogée qui elle était, elle répondit : « Je suis la Mère et la Reine de miséricorde... »

Ailleurs le même Jean Crasset, pour fortifier la doctrine du bienheureux Albert le Grand, ou plutôt des Saints Pères ; que la Vierge peut non-seulement supplier son Fils pour le salut de ses serviteurs, mais encore lui commander par une autorité de mère, s'exprime ainsi : c'est la raison qu'en rend Gerson ce *Saint et savant* Chancelier de Paris. « Le plus grand de tous les noms, dit-il, qu'on puisse donner à Marie, c'est celui de Mère de Dieu, parce que cette qualité lui donne une sorte d'autorité et de domaine naturel sur le Seigneur de tout le monde, et à plus forte raison sur tout ce qui lui appartient. »

« Ce raisonnement est juste. Marie a pouvoir sur son Fils, et par conséquent sur tout ce qui lui est sujet[1].

Nous ne pouvons absolument omettre l'appréciation du saint Chancelier par le docte et original écrivain M. l'abbé Sausseret, si dévoué à la bienheureuse Vierge. Après avoir cité dans ses *Soixante serviteurs de Marie* les saints François d'Assise, Dominique, Thomas d'Aquin, Bonaventure, Albert-le-Grand, Bernardin de Sienne, et le pieux Raymond Jourdain, ce savant Curé-doyen écrit :

« Un autre Serviteur de cette même Vierge, bien plus éminent encore, bien plus illustre encore, c'est Jean Gerson, qui, par la plus grande partie de sa vie, appartient au XVe siècle. Ce Docteur, qui fut en son temps la plus brillante lumière de la France et de l'Église, avait l'âme trop pure, trop candide, trop céleste, pour n'être pas aussi un tendre amant de Marie, Reine et modèle des vertus. Il lui dit, dans une prose de l'Église pour la fête de la Circoncision.

« O Marie, Étoile de la mer, bienfaisante Reine des

---

[1] R. P. J. Crasset : *La vérit. Dévot. env. la sainte Vierge*, part. Ier, Traité Ier, quest. 8 ; part II, Traité v, chap. v, sect. 14 et 15.

cieux, daigne Vierge sainte, nous regarder, au milieu de la tempête de ce monde.

« Triomphe maintenant, et jubile d'allégresse, éclatante Rose, plus belle que toutes les roses !

« Tu es la Rose unique ; seule tu as droit d'être appelée Rose ; tu es le lis et la violette ; réjouis-toi, Vierge suave et douce.

« Toi, ô Marie ! si tendre pour ceux que tu aimes, toi qui n'es dure pour personne, unis toi à notre cœur, parle à notre âme ; fais que nous méprisions les choses frivoles.

« Réjouis-toi, Paradis merveilleux, dans lequel se délecte notre vue, dans lequel s'élève la Fleur de beauté, duquel jaillit et la Fontaine d'amour et tout ce qu'il y a d'excellent.

« Réjouis-toi, Vierge couronnée de roses, empourprée de mille fleurs, toi qui t'assieds devant le trône de Dieu... O Vierge admirable ! prie pour nous ton Fils chéri, afin qu'il se donne à nous en récompense.

« O douce Vierge, ô Mère que le Père Éternel a chérie, salut, pleine de grâce ! Prie ton Fils, le Christ, de nous couronner dans l'éternelle gloire... »

Litanies en l'honneur de la très-sainte Vierge Marie, Mère de Dieu, extraites du recueil d'éloges décernés par le bienheureux Jean Gerson à Marie.

La grandeur de Marie renferme quelque chose de si divin, que l'Église lui applique tout ce que l'Écriture-Sainte dit de la Sagesse éternelle [1].

Seigneur, ayez pitié de nous.
Jésus-Christ, ayez pitié de nous.
Seigneur, ayez pitié de nous.
Jésus-Christ, écoutez-nous.
Jésus-Christ, exaucez-nous.

Père Créateur du monde, qui êtes Dieu, ayez pitié de nous.
Fils Rédempteur du monde, qui êtes Dieu, ayez pitié de nous.
Esprit-Saint Sanctificateur du monde, qui êtes Dieu, ayez pitié de nous.
Trinité sainte, qui êtes un seul Dieu, ayez pitié de nous.
Sainte Marie, Mère de Dieu, Immaculée dans votre conception, priez pour nous.

[1] *Tam divina est Maria, ut quidquid Scriptura dicit de sapientia divina, Ecclesia dicat de Maria (B. Gers. Serm. de Nativ. Mariæ.)*

Vierge gracieuse, priez pour nous.
Vierge à laquelle tous peuvent recourir,
Vierge nourrice d'un Dieu,
Vierge qui n'abhorrez pas le pécheur,
Vierge et Mère d'une ineffable douceur,
Vierge établie trésorière des grâces divines,
Vierge la plus sage des femmes,
Vierge notre sauf-conduit pour le Ciel,
Vierge couronnée de roses,
Vierge empourprée de mille fleurs,
Fontaine de bonté et de suavité,
Marie, tendre Mère de Jésus,
Mère affligée à la passion de votre Fils,
Mère rassasiée de peines,
Mère gémissante et désolée,
Mère résignée dans vos grandes tristesses et angoisses de
    cœur,
Mère des pénitents,
Mère des grâces et des miséricordes divines,
Mère du Dieu de Paix,
Mère bénie, dont les yeux recherchent les pécheurs pour
    les sauver,
Mère du Dieu consolateur,
Mère du Salut,
Mère chaste qui inspirez la piété à vos enfants,
Mère qui remplissez notre cœur de l'espérance du Ciel,
Mère de l'Eucharistie, parce que vous êtes Mère de la
    grâce,
Mère bonne aux misérables, parce que vous êtes Mère de
    la miséricorde,
Mère qui ramenez vos enfants exilés vers la Patrie,
Mère qui réparez nos torts à l'égard de Dieu,
Notre douce Mère pleine d'amour pour nos âmes,
Trésorière des trésors du Seigneur,
Notre nourrice qui nous avez donné le Pain céleste,
Aide puissante de ceux qui travaillent à leur salut,

Dame bénigne et courtoise, qui nous ressaluez chaque fois que nous vous saluons, priez pour nous.

Notre plus sûr refuge après Jésus-Christ,

Avocate et médiatrice, par les mains de laquelle Dieu dispense toutes ses faveurs à la Créature,

Amie de Dieu, qui l'avez charmé par votre beauté,

Palais magnifique de la bénie Trinité,

Étoile qui n'avez cessé de briller dans la lumière de la grâce,

Étoile qui nous dirigez à travers les flots de la mer de ce monde vers le Port du salut,

Rose singulière plus belle que toutes les roses,

Lis et violette aux parfums suaves,

Douce Philomèle, messagère des beaux jours,

Nourrice et Providence des orphelins,

Tendre consolatrice des désolés,

Avocate et conseil des désespérés,

Notre sœur chérie, qui êtes aimable à tous et ne repoussez personne,

Reine élevée au dessus de tous les Anges,

Amie singulière et gloire des Apôtres,

Vierge en laquelle sont toutes les grâces et les gloires de la sainteté,

La plus belle et la plus suave des femmes, dont vous êtes l'ornement,

Chef, cœur et diadème de l'Église,

A qui toute puissance à été donnée dans le Ciel et sur la terre,

Bienheureuse Mère qui couvrez vos enfants du bouclier de votre amour,

Agneau de Dieu, qui effacez les péchés du monde, pardonnez-nous, Seigneur.

Agneau de Dieu, qui effacez les péchés de monde, exaucez-nous, Seigneur.

Agneau de Dieu, qui effacez les péchés du monde, ayez pitié de nous, Seigneur.

— Priez pour nous Sainte Vierge Marie, Immaculée Mère de Dieu,

Afin que nous soyons dignes d'être écoutés de Jésus-Christ, et de voir la glorification solennelle du bienheureux Jean Gerson.

ORAISON

Dieu souverainement puissant, sage et bon, qui pour l'honneur de votre Fils, avez accordé à Marie, sa sainte Mère, le privilége singulier d'être conçue sans la tache du péché originel, et qui ordonnez à votre Église de célébrer la gloire de cette Conception Immaculée, nous vous supplions par l'intercession d'une avocate si bienveillante, si fidèle et si sage, auprès de vous, de nous accorder que le bienheureux Jean Gerson qui lui fut toujours si pieusement dévoué, et qui a défendu avec tant de force un privilége qui lui est si cher, soit enfin glorifié au sein de l'Église catholique dont il est le digne fils et le Docteur très-chrétien. Nous vous demandons cette grâce par Jésus-Christ Notre-Seigneur. *Ainsi soit-il.*

LE VÉNÉRABLE CARDINAL PIERRE D'AILLY,

Très-illustre par sa piété, sa doctrine et son grand amo r pour l'Église, surnommé l'aigle des docteurs et le destructeur des hérésies, glorificateur du mystère de l'adorable Trinité, défenseur de la conception immaculée de Marie, et promoteur du culte de saint Joseph.

CHAPITRE II

ARTICLE I

*Gerson est le plus grand promoteur du culte de saint Joseph
dans l'Église.*

Un mouvement extraordinaire s'est produit dans le
Christianisme pour honorer un Saint qui resta presque
oublié durant les quatorze premiers siècles de l'ère
chrétienne.

Qui ce semble avait autant que le bienheureux saint
Joseph un droit légitime au culte des fidèles ? Il n'é-
tait pas, ce Saint d'autant plus grand qu'il est plus
caché, disait en son temps Boudon le saint Archidiacre
d'Evreux [1], il n'était pas sans avoir eu de siècle en
siècle quelques serviteurs de Dieu qui le vénéraient en
cultivant son culte, mais au sein des cloîtres seulement :
aucun ne l'avait encore répandu au dehors de ces saintes retraites.

Les Pères de l'Église, quelques-uns du moins, avaient

---

[1] Boudon. *Panégyr. de S. Joseph.* — Voyez notre *Mois de Mars
des âmes pieuses,* ive édit. Périsse édit.

par occasion parlé de saint Joseph ; ceux-ci dans des homélies, ceux-là en élucidant le texte évangélique relatif aux mystères de l'enfance du Sauveur, auxquels saint Joseph avec Marie sa virginale épouse avaient pris quelque part. Mais aucun de ces génies chrétiens n'avait écrit de ce grand Saint *in extenso*, aucun n'avait encore publié sa vie, d'autant plus admirable qu'elle avait été plus cachée, aucun n'avait encore propagé son culte salutaire, aucun n'avait enfin adressé des Épîtres à toutes les Églises du monde pour demander à l'Église catholique qu'elle établît une fête solennelle en l'honneur du Père nourricier et du Sauveur du Fils de Dieu. L'heure où le Christ devait glorifier son père nourricier sur la terre n'était pas encore venue.

Elle arriva enfin cette heure bénie, et il fallut le grand schisme d'occident et l'apparition d'un éminent Docteur de l'Église, pour accélérer l'introduction de ce culte du bienheureux Joseph, l'un des sceaux des prédestinés et un puissant moyen de régénération pour l'Église et pour la famille.

Le Docteur suscité de Dieu à cet égard, tout le monde le connaît aujourd'hui. C'est le bienheureux Jean Gerson, Chancelier de l'Université et de Notre Dame de Paris, durant près de trente années. « Gerson, dit le père Faber, fut l'Évangéliste, l'Apôtre et le Théologien de saint Joseph [1]... » « Gerson l'illustre et modeste Chancelier de Paris, auteur de l'*Imitation de Jésus-Christ*, dit aussi le docte Égron, se distingua par une dévotion spéciale envers l'Époux de Marie [2]. » Mais nous invoquerons bientôt l'autorité immense du

[1] R. P. *Faber*, *Tout pour Jésus*.
[2] *Égron*, *Culte de la Ste Vierge*, chap. XII.

grand et saint pape Benoît XIV. Les Carmes avaient apporté la dévotion à saint Joseph, de l'Orient, les enfants du Séraphique saint François s'empressaient de la cultiver. Le bienheureux Gerson prit cette dévotion à l'ombre du cloître où trois de ses frères servaient pieusement le Seigneur sous la règle de saint Benoît, et où elle s'épanouissait à l'aise comme l'humble violette sous la verdure ; il s'en fit dès lors le généreux et ardent défenseur, et on peut dire qu'*en retour saint Joseph devint son Génie tutélaire, son Consolateur intime dans ses dures épreuves, son Protecteur puissant, son Directeur dans la vie intérieure, son Ami enfin de tous les instants.* Même, saint Joseph lui accorda la rare faveur de participer aux contradictions et aux grâces de son exil, à ses tribulations amères et à l'humilité de sa vie cachée, comme *bientôt*, tout nous le fait espérer, *il obtiendra de Notre-Seigneur de le rendre participant à sa gloire dans l'Église.*

Qui ne sait que Notre Gerson, par ses talents, son génie et sa sainteté, fut proclamé par l'Église universelle assemblée au Concile Œcuménique de Constance, le Docteur par excellence, *Doctor Christianissimus*, le plus grand Docteur de l'Église en son temps[1], comme le nomma à l'applaudissement des Pères, le Cardinal Zabarella, Archevêque de Florence et légat du Saint Siége, qui siégeait à côté du pape. Il était bien digne de ce titre si glorieux qui peut seul suffire à son éloge.

Aussi, quand les intérêts de Dieu et de son Église étaient en cause, le zèle du Chancelier comme celui d'Élie, de Jean-Baptiste et de saint Paul, devenait ardent, actif, soigneux, diligent, généreux, universel. Et

---

[1] *Super excellens Doctor Ecclesiæ*, Acta Concil. Constant.

quand il s'agissait de la gloire de saint Joseph, il semblait prendre une nouvelle vigueur, devenir plus vé-
hément encore, jaloux qu'il se montrait d'avancer la
glorification terrestre de son Saint très-aimé...

« Aucune arme, dit un docte auteur, n'était étrangère à son habileté dans ce genre de luttes pacifiques.
Son pieux Génie se servit avec une égale ardeur du
glaive à deux tranchants, de la parole et de la plume,
afin de déchirer le voile qui recouvrait aux yeux des
fidèles la figure vénérable du Patriarche de Nazareth.

« L'Église tenait alors une de ces immortelles Assises
où elle décide, avec une solennité sans pareille, du sort
de la vérité divine dont elle est la gardienne ici-bas.
Un schisme déplorable déchirait la robe sans couture
du Christ, et semblait vouloir en jeter les lambeaux dis-
persés aux abimes de l'enfer. Les Pères du Concile,
épouvantés des orages qui s'amassaient de plus en plus
sombres et menaçants dans un ciel tout en feu, sup-
pliaient le Dieu des Chrétiens de venir promptement au
secours de la Barque dont ils étaient les pilotes.

« Soudain le Chancelier de Paris se lève. Toute l'É-
glise, suspendue à ses lèvres sacrées, écoute sa parole
puissante, cette fois encore devenue prophétique. Le
remède qu'il indique aux grands maux, aux épreuves
inouïes jusqu'alors qui désolent l'Épouse Mystique
du Christ, c'est le culte du virginal Époux de Marie.

« Mon grand désir, dit-il, est de voir se célébrer dans
» l'Église une solennité nouvelle, soit en l'honneur du
» mariage de saint Joseph, soit en mémoire de sa bien-
» heureuse mort, afin que par les mérites de Marie et par
» l'intercession d'un patron aussi puissant, qui exerce
» une sorte d'empire sur le cœur de son Épouse, l'*Église*
» *soit rendue à son unique époux, le Pape certain,*

» *qui tient auprès d'elle la place du Christ*[1]... » Ainsi, en même temps qu'il exprime le désir de toute sa vie, le but de ses constants efforts, de ses laborieux travaux, de ses ardentes prières et de ses brûlantes larmes pour l'union, la pacification et la glorification de l'Église *sous un seul et légitime Pape*, le saint Docteur réclame, pour la mémoire de l'incomparable Joseph presque laissée dans un complet oubli, une réparation éclatante, solennelle et durable.

En terminant son remarquable discours, l'Apôtre de saint Joseph supplie les Pères de la Foi, avec un accent où perçaient son amour et sa confiance filiale, de placer leurs travaux sous son puissant Patronage, et de propager sa dévotion parmi les fidèles, dans l'espérance qu'elle sera comme un signe avant coureur de la paix des esprits et de la pureté des mœurs par l'union de la sainte Église de Dieu. Benoît-le-Grand ou Benoît XIV, l'un des Pontifes qui par la science et la piété ont le plus illustré la tiare Pontificale et glorifié le Saint-Siége Apostolique, a écrit de notre docteur Gerson, dont « souvent en le résumant il s'est approprié les doctrines », dit Mgr Dupanloup[2], qu'il fut *le premier et plus grand Promoteur de la glorification de saint Joseph par l'Église*, et que le chaleureux et émouvant discours qu'il fit en plein Concile général, à Constance, fut vivement acclamé et hautement approuvé par l'Église universelle[3].

---

[1] Cf. M. l'Abbé Perigaud : *Les gloires de St Joseph*, chap. IV, art. 4. — M. l'abbé Lucot, *St Joseph*, etc.

[2] *Lettre sur les prophéties.*

[3] *Sermo fuit pergratus toti Ecclesiæ in Concilio Congregatæ* — Bened. XIV, Sum. Pontif. *De Beatif. et Canonis. Sanct* lib. IV pars. 11, cap. 20. Idem, *De Festis...*

9*

Cette grave affirmation de Benoît-le-Grand a trouvé un écho puissant chez l'un de nos plus éloquents évêques, Msr Pie, aujourd'hui Cardinal, qui, parlant du pieux et docte Gerson, dit « que le discours qu'il fit devant les Pères le Constance restera non-seulement comme un monument d'éloquence, mais encore comme un traité de théologie profonde sur la matière. Ce discours, ajoute l'éminent orateur, au sentiment de Benoît XIV, emprunte une autorité considérable à cette particularité attestée par des contemporains, à savoir qu'il *fut entendu avec une entière faveur par toute l'Église assemblée conciliairement*. Ce savant Pape, même comme écrivain privé mit toujours tant de réserve dans ses jugements[1]... »

Mais reprend un docte et savant jésuite, après Isolano, ou Isidore des Iles, « *le Saint-Esprit n'approuva-t-il pas lui-même le discours du Chancelier de Paris*, en inspirant aux peuples de l'Occident la pensée d'honorer saint Joseph d'un culte particulier, dans la persuasion que ses prières et ses mérites éloigneraient les maux qui menaçaient la Foi catholique, et attireraient une *multitude de grâces et de faveurs sur les fidèles*[2]. » Grâce donc à l'immortel Chancelier de Paris, qui avait ouvert la bouche au milieu de l'Église, pour célébrer les gloires de son bien-aimé saint Joseph, l'illustre Chef de la sainte Famille de Nazareth, venait de remporter la victoire la plus éclatante sur l'espèce de sommeil dans le-

---

[1] Le Cardinal Pie : *Instr. Pastor.* sur *le culte de St Joseph.*

[2] R. P. Patrignani, Soc. Jesu : *Dévot. à St Joseph établie par les faits*, liv. i, chap. 5. Nous suivons pour cet Auteur les éditions intégrales de son beau livre ; un chef-d'œuvre pieux qui n'a pas été surpassé.

quel les siècles passés avaient laissé dormir son [...] et sa mémoire...

Dès-lors le Saint Docteur se montra plus particulièrement encore le Chantre passionné de Joseph, de Jésus et de Marie. Ce fut, à l'imitation des grands héros dont il continue la chaîne, le charme divin de son dur exil à travers la Forêt-Noire [1]. Ah! qu'eut-il pensé, qu'eut-il dit et écrit, quels eussent été ses transports de joie, ses sentiments de vive reconnaissance, s'il lui avait été donné d'être, comme nous, l'heureux témoin de ces merveilleuses solennités et de tant d'éloquentes publications en l'honneur d'un Saint auquel il s'était comme identifié par les sentiments, l'esprit et le cœur, pour arriver à une ressemblance plus parfaite avec le Christ, son grand Modèle, dont il nous offrit en sa personne la vivante image.

Oui, « Notre Gerson, » comme le nomme dans un mandement épiscopal, Mgr David, est bien par son poème *Josephina* le premier Chantre si pieusement inspiré de saint Joseph, dit le Père Nampon, jésuite [2]. Et si nous croyons l'autorité du Père Lambillote, de la même Compagnie de Jésus, ce fut le sublime Chancelier qui composa le bel Hymne : *Te Joseph celebrent.* « Que les chœurs des Anges, que les chants du peuple chrétien vous célèbrent dans tout l'Univers, ô Joseph, car vos vertus vous ont mérité d'être uni par un chaste lien à une Vierge pure [3]... » Ceux qui ont bien étudié le

---

[1] Voyez son poème, ou *Vie de St Joseph*, intitulé : *Josephina*, de 4600 vers. Le R. P. Avignon, miss. du Calvaire, à Toulouse, a donné assez récemment une bonne traduction de ce poème.

[2] St *Joseph, ses grand., ses vertus, et ses bienf.*, Préface.

[3] R. P. Lambillotte. *Recueil de chants sacrés*, p. 44 — Poussielgue 1851.

Josephina de Gerson, se souviendront aisément que les expressions sont identiques à celles que répète l'Église dans cet Hymne si suave qu'on dirait avoir été composé par un Esprit Céleste[1].

C'est à regret, et faute d'espace, que nous omettons ici deux belles pages du père Patrignani, de son livre cité[2], où il place Gerson la première des onze étoiles (par allusion à l'histoire de l'ancien Joseph) qui parût sur l'horizon. Il se surpasse lui-même, ou plutôt il ne sait où trouver des termes propres à traduire la piété et le culte, le zèle et les travaux du saint Chancelier à l'égard du bienheureux Joseph. « C'est lui, dit-il en terminant, qui a le mérite, en suscitant la dévotion à ce grand Saint, d'avoir découvert la source si longtemps cachée de ce fleuve de grâces qui aujourd'hui inonde et fertilise le champ de l'Église Catholique[3]. »

ARTICLE II

Opportunité du culte de saint Joseph et de toute la sainte Famille pour la société.

L'opportunité de ce culte saint est si évidente que, il y a quelques années, un grand nombre d'évêques du monde catholique étaient réunis à Trente pour y

[1] Notre pieux Gerson, dit Lamartine, dont toute la vie peut se résumer en deux mots : *Sursum corda*; Philosophe inconnu qui a écrit *l'Imitation* avec ses larmes, homme plus ange que les Anges... *Cours de Littér.* cxxii[e] Entretien.

[2] *Liv.* I. *Chap.* II.

[3] Cf. Notre ouvrage : *Le Cœur de St Joseph ouvert à ceux qui l'implor.* Introd.

célébrer le trois-centième anniversaire de la clôture du vingtième Concile général qui y avait été tenu, et en même temps pour aviser au moyen d'intéresser le ciel en faveur de l'autorité temporelle et spirituelle du Pontife romain, menacée par le génie infernal ; le nom et la mémoire du grand Docteur Gerson et son influence extraordinaire sur l'Église à Constance, y furent glorieusement rappelés aux représentants de l'Église et portés avec les vœux de l'Épiscopat aux pieds du grand Pontife Pie IX.

L'archevêque de Spolette présenta, à ce sujet, aux Évêques un Mémoire dont le Père Nampon a extrait les lignes qui suivent, et que nous lui empruntons.

« Pendant qu'*un Concile général* se tenait à Constance, sous la présidence des légats du Saint-Siége apostolique, alors le chancelier Gerson, *homme saint, aussi remarquable par sa foi et sa piété que par sa doctrine*, lut aux Pères assemblés un rapport tendant à développer parmi les fidèles le culte de Saint Joseph, l'Époux de la bienheureuse Vierge Marie. Son espoir, affirmait-il, était de voir le secours et la protection du saint Patriarche dissiper les orages et les tempêtes qui, dans ces temps si troublés, avaient agité la nacelle de Pierre, et rendre la paix et la tranquillité à l'Église universelle. Tous approuvèrent cette proposition, et le vœu du pieux Chancelier fut accueilli par d'unanimes suffrages.

« Or, continue l'éminent Archevêque, l'Église de Jésus-Christ est de nos jours en proie à une affliction universelle. Elle pleure la perte d'une multitude de ses enfants. Elle ne peut ni pressentir la fin, ni entrevoir le terme de la guerre que des ennemis très-perfides, ameutés contre le Seigneur et contre son Christ, lui font en tous lieux. Il paraîtrait donc très-opportun qu'à Trente les nombreux évêques, qui s'y trouvent réunis pour célébrer avec action de grâces le trois-centième anniversaire de la conclusion du Concile, eussent recours une seconde fois au même remède et de nouveau implorassent le patronage de saint Joseph dans l'intérêt du rétablissement de la paix et de la tranquillité. »

Le but de la supplique ou du mémoire lu par l'Archevêque de Spolette, était de demander au Souverain Pontife de placer le nom de Saint Joseph dans la formule de confession générale qui commence par ces mots : *Confiteor Deo omnipotenti...* Déjà Benoit XIV s'était occupé à insérer le nom du saint Patriarche dans les grandes Litanies générales et dans les Litanies plus courtes pour la recommandation de l'âme, ce qui avait été décrété par Benoit XIII ; Pie IX lui-même, dans l'allocution adressée aux deux cents évêques réunis à Rome pour la canonisation des martyrs Japonais, avait joint le nom de Joseph dont Jésus voulait bien passer pour être le fils, aux noms de Marie la Vierge immaculée, et des saints Apôtres Pierre et Paul, ce que ses prédécesseurs n'avaient jamais fait.

La seconde demande, à soumettre au Souverain Pontife, était relative à l'institution d'une fête en l'honneur de la Sainte Famille, Jésus, Marie, Joseph. « De nos jours encore, continue l'Archevêque, la paix et la concorde sont violées, brisées, ruinées, jusque dans la famille, où pénètrent les dissentiments, les discussions, les haines. Les enfants s'insurgent contre leurs parents, les parents se lèvent contre leurs enfants et les frères se haïssent et se font la guerre ! Ces divisions au sein de la famille rendent beaucoup plus faciles les séditions et les révoltes au sein de la société. Dans l'intérêt de la vraie fraternité et de l'union des cœurs, il serait donc important de recommander au culte et à l'imitation des familles chrétiennes, de toutes les famille la plus sainte, la plus exemplaire et celle dont la protection est la plus puissante.

« Les évêques entreraient plus facilement dans cette idée, s'ils voulaient bien considérer que cette fête demandée s'est pas tout-à-fait nouvelle dans l'Eglise. Sa sainteté Grégoire XVI a déjà approuvé cette fête et en a autorisé la célébration dans le diocèse de Belley à une pieuse confrérie dite de la Sainte Famille. On rapporte que la même faculté a été accordée par le même Pontife aux moines Camaldules de l'ermitage du Mont-de-la-Couronne. Ajoutez que les Pères du très-saint Rédempteur s'appliquent avec grand soin à promouvoir ce culte dans leurs églises et à établir des confréries de laïques sous le nom et l'invocation de la Sainte Famille[1]. »

Certes ! les mœurs n'ont pas amélioré depuis que ce *Mémoire* a été lu. Loin de là, la corruption a pénétré partout, même au sein respectable du foyer, et les crimes qui semblent fatiguer la justice humaine, se sont étrangement multipliés. En pourrait-il être autrement, quand d'ailleurs des représentants de la Nation, c'est-à-dire de la justice, de l'ordre et de la liberté, sapent dans leurs propres fondements les lois divines et le droit naturel relativement à l'éducation de l'enfance ; lorsque nous voyons l'autorité du chef de Famille bientôt réduite à un état purement passif, et subir des modifications telles que, arrivés à un certain âge des enfants croient pouvoir, en invoquant une loi humaine, s'affranchir des lois sacrées du respect et de la soumission dus aux au-

---

[1] Cf. Le R. P. Nampon, Soc. Jesu. St *Joseph, ses grandeurs, ses vertus et ses bienfaits.* Introd.

teurs après Dieu de leur existence ; lorsque nous voyons
l'élément chrétien détruit de si bonne heure au sein
même de la famille, par la presse immorale et par bien
d'autres principes de corruption qui inondent le siècle.

Oh ! combien nous avons besoin du puissant enseignement qu'offre la Famille sainte de Nazareth, où nous
pouvons contempler un Dieu fait homme soumis à son
père et à sa mère, simples créatures mortelles ; où nous
voyons ce même Fils de Dieu et la Vierge Marie, sa propre Mère, se soumettre en toutes choses dans la plus
entière dépendance aux ordres d'un pauvre charpentier
qu'ils regardent avec raison comme leur Chef.

De Marie la reine du ciel et de la terre, la souveraine des anges et des hommes et la Mère de Dieu,
l'épouse apprendra à se soumettre à l'époux que Dieu
lui a donné ; elle concevra que c'est pour elle un devoir de conscience, à moins que les intérêts du Créateur
ne soient lésés et sa loi évidemment compromise, car Dieu
a dit à la femme : « Tu seras sous l'autorité de ton
mari, et il te dominera[1]. »

De l'Enfant-Dieu, durant tant d'années soumis à Joseph et à Marie, l'enfant apprendra à aimer à dépendre
de son père et de sa mère, à accomplir leurs volontés ; il se convaincra mieux que Dieu et sa propre conscience lui en font un devoir rigoureux, et qu'aucune loi
humaine ne prescrira jamais contre cette loi éternelle
de Dieu.

L'opportunité du culte de la Sainte Famille n'a donc
jamais été plus grande qu'au temps où nous sommes,
où l'éducation chrétienne dans la famille et dans les
écoles est menacée avec une violence qui n'avait ja-

[1] Gen. iii, 16.

mais été portée jusque là dans notre chère France.

Nous dirons de même de la glorification par l'Église du bienheureux Gerson. le grand Apôtre et le Docteur de l'enfance, le modèle peut-être le plus accompli pour l'éducation chrétienne et sociale des petitsenfants. Le bienheureux Docteur offert au culte des fidèles serait une éternelle protestation contre l'enseignement païen, disons plus juste athée! Quel objet plus étonnant et plus digne de notre admiration ! Celui qui était qualifié par des conciles généraux d'oracle de l'Église et du monde, le chef de la très-célèbre Université de Paris, transformé en maître chrétien de l'enfance !...

« De nouvelles calamités, de nouvelles épreuves, disait le Cardinal archevêque de Chambéry, déterminent quelque fois l'Eglise à adresser à Dieu des nouvelles prières, à chercher dans le ciel de nouveaux protecteurs... » Mais qui peut en ce moment s'offrir à plus de titres à notre culte que le bienheureux Gerson?...

ARTICLE III

Les immenses travaux de Gerson pour la glorification de saint Joseph, nous donnent l'espoir de le voir glorifier prochainement par l'Église.

Résumons, Nous ne saurions encourir des critiques passionnées le blâme de l'exagération, en suivant d'aussi illustres maîtres dans nos éloges du chancelier Gerson, relatifs à son illustre personne ou aux travaux qu'il a entrepris pour faire rendre à saint Joseph un culte digne de lui. Nous ne disconvenons pas, au contraire nous avons amplement démontré[1] qu'au temps du bienheureux Gerson, le vénérable Cardinal Pierre d'Ailly, né à Compiegne, et qui fut son maître, avait lui aussi mis son talent et sa science au service du grand Patriarche de Nazareth, en publiant le petit *Traité de ses gloires*. Mais ce pieux maître eut l'honneur et même la gloire, car c'en est une réelle, de se voir surpasser dans le zèle pour saint Joseph par son pieux disciple Jean Gerson « qui » dit le Père de Barri, dans son livre sur saint Joseph, « a plus que tout autre dans l'Église avancé la glorification terrestre du saint Époux de Marie et père nourricier du Sauveur. »

Sans doute, ensuite, et même presque en même temps que l'illustre chancelier Gerson, vint saint Bernardin de Sienne, et plus d'un siècle après l'Isolano et sainte Thérèse. Mais ce que fit le premier par ses prédications, ce que fit le second par sa *Somme des dons de saint Joseph*, ce que fit la séraphique Thérèse par sa dévotion et son influence, le docte et saint Chancelier de Paris l'avait fait avant eux et, osons le dire, plus largement qu'eux tous.

Sans doute sainte Thérèse s'est signalée pour l'accroissement du culte envers notre glorieux Saint : elle fit bâtir plusieurs monastères qu'elle dédia à Saint Joseph... et Gerson, lui, eut voulu (son Épitre aux églises particulières le prouve) que toutes les églises de la catholicité lui eussent été dédiées, que sous toutes les voûtes des basiliques comme des églises rurales et celles des plus humbles cloîtres, eussent retenti des louanges

[1] Voir notre ouvrage *Les gloires de saint Joseph*, par le card. d'Ailly, précédées de la vie de l'auteur, d'une étude sur son influence pour le culte de St Joseph, in-12, IIe édit. J. Vic. rue Cassette à Paris.

de Joseph. Sainte Thérèse nous a laissé une page charmante où son âme céleste s'épanche admirablement sur
son saint Protecteur, et l'Angélique Gerson nous a laissé
des Proses, des Hymnes, des Oraisons, un office complet,
c'est-à-dire Antiennes, Leçons et Répons des Matines,
la Messe en l'honneur de Saint Joseph ; il nous a laissé
son long poème *Josephina*, quatre vingt-douze Considérations, en forme d'entretiens, sur la sainte alliance de
Joseph avec Marie. Sainte Thérèse conseillait à ses religieuses de prendre pour patron saint Joseph, appelant
ou mieux offrant en témoignage sa grande expérience
des bontés du Saint ; et notre bienheureux Gerson, un
siècle avant elle, avait donné le même conseil, et au
duc de Berry et à toute l'Église représentée par ses évêques Cardinaux, légats, et Pape, à Constance, et au peuple dans ses prédications populaires.

Certainement nous n'avons pas la prétention de di-
minuer et moins encore infirmer les titres si authentique de la séraphique sainte Thérèse à la glorification
de saint Joseph ; nous n'avons même pas la pensée
d'établir une comparaison des deux saints Personnages
l'un et l'autre ayant chacun son don, ses talents et son
mérite propres ; nous tenons seulement à insister sur le
zèle et les travaux de l'incomparable Apôtre de saint
Joseph pour faire glorifier ce Saint avec lequel il était
continuellement en communication intime de pensées,
d'affection, de désirs, de sentiments, de travaux et
même aussi en quelque sorte de destinée temporelle. Si
nous faisions une biographie complète de cet homme que
depuissants échos ont surnommé *divin*, nous établirions
une sorte de comparaison de sa vie intime avec celle de
saint Joseph ; tel n'est pas notre plan. Qu'il nous suffise
de dire que Gerson dont la grandeur et les mérites

ont été, comme il en fut de la grandeur et des mérites de saint Joseph, voilés au regard des mortels durant des siècles va, grâce sans doute à la puissante influence du culte de ce Chef de la Sainte Famille et doux Protecteur de l'Église, reprendre possession pleine de ses droits si légitimes à l'estime, au respect, à la confiance et à la pieuse vénération de tous les fidèles.

Les faveurs surtout spirituelles dont il fut l'objet durant sa vie de la part de saint Joseph et de sa glorieuse Épouse Marie, ne permettent pas de douter de leur puissante intervention pour sa glorification solennelle.

BELLE PENSÉE DU BIENHEUREUX GERSON SUR SAINT JOSEPH

« Lorsque prosternés aux pieds bénis de Saint Joseph, vous avez épanché votre âme dans son sein compatissant et lui avez confié tous les secrets de votre cœur, ne vous est-il jamais arrivé de voir comme des éclairs devant les yeux, et le ciel s'ouvrir, en quelque sorte, pour vous laisser entrevoir une partie de ses magnifiques splendeurs !

« Qu'avez-vous vu dans ce moment? Des anges nombreux, heureux citoyens de cette céleste Patrie ; mais ils n'étaient pas seuls ! Beaucoup d'âmes sorties de cette terre, étaient mêlées à ces esprits bienheureux.

« Vous avez alors compris que notre confiance devait être d'autant plus entière que nos intercesseurs auprès de Dieu étaient plus nombreux. »

(Extrait de *Josephina*, trad. du R. P. Avignon.)

Litanies en l'honneur du très-saint Joseph, Époux de la glorieuse Vierge Marie et Père putatif du Fils de Dieu, notre Sauveur, extraites du recueil d'éloges que lui a décerné le bienheureux Gerson.

Seigneur, ayez pitié de nous.
Jésus-Christ, ayez pitié de nous.
Seigneur, avez pitié de nous.
Jésus-Christ, écoutez-nous.
Jésus-Christ, exaucez-nous.

Père Créateur du monde, qui êtes Dieu, ayez pitié de nous.
Fils Rédempteur du monde, qui êtes Dieu, avec pitié de nous.
Esprit Sanctificateur du monde, qui êtes Dieu, ayez pitié de nous.
Trinité sainte, qui êtes un seul Dieu, ayez pitié de nous.
Sainte Marie, immaculée Mère de Dieu, Épouse Virginale de saint Joseph, priez pour nous.
Saint Joseph, prédestiné dès l'éternité pour être l'Époux de la bienheureuse Vierge, priez pour nous.
Saint Joseph, privilégié plus que tous les autres hommes dès votre conception,
Saint Joseph, que nous croyons avoir été sanctifié par le feu du Saint-Esprit avant votre naissance,
Saint Joseph, confirmé dans la grâce divine,
Saint Joseph, dont les fiançailles avec Marie furent célébrées avec allégresse par les Anges,

Saint Joseph, Vierge uni à une Vierge, priez pour nous.

Saint Joseph, gardien, témoin et gouverneur de Marie,

Saint Joseph qui, conjointement avec Notre-Dame, avez fait vœu de perpétuelle virginité,

Saint Joseph, Époux glorieux de la glorieuse Mère de Dieu,

Saint Joseph qui, conversant familièrement avec la Vierge toute belle, en avez reçu une augmentation de pureté,

Saint Joseph, vase saint et sacré pour l'honneur de Marie Vierge des vierges et du Saint des saints, l'Enfant Jésus,

Saint Joseph qui étiez acclamé bienheureux d'avoir Marie la Mère d'un Dieu pour Épouse,

Saint Joseph, à qui le saint Ange révéla le nom de Jésus, qui devait charmer vos oreilles, dilater vos lèvres, réjouir votre cœur par sa douceur ineffable,

Saint Joseph, premier adorateur du Verbe incarné,

Saint Joseph, qui avez versé des larmes en abondance à la circoncision de Jésus,

Saint Joseph, nourricier, sauveur, conducteur, défenseur, docteur et éducateur de Jésus,

Saint Joseph, admirateur infatigable de Jésus et de Marie,

Saint Joseph, qui avez nourri et servi Jésus de votre travail et de votre substance,

Saint Joseph, qui avez partagé avec Jésus et Marie, vos deux trésors plus chers que la vie, les épreuves d'un long exil,

Saint Joseph qui, si fréquemment, avez joui des caresses du divin Enfant et traité avec lui par une familiarité surprenante,

Saint Joseph, dont l'âme a été remplie d'angoisses durant les trois jours d'absence de l'Enfant Jésus,

Saint Joseph, qui avez joui, très excellemment, des baisers du doux Fils de Dieu,

Saint Joseph, Époux de la Vierge, juste, loyal, sage et dévôt,

Saint Joseph, favorisé souvent de la visite des Anges, priez pour nous.

Saint Joseph, qui avez vu, non sans étonnement, le très doux Jésus, Sauveur et juge, vous être soumis, comme votre fils,

Saint Joseph, chef et seigneur de la Mère du Chef et Seigneur de tout le monde,

Saint Joseph, qui avez eu l'honneur de vous voir servi par la Mère d'un Dieu !

Saint Joseph, homme d'une parfaite beauté, saint et allègre,

Saint Joseph, d'une grande douceur et d'une rare prudence,

Saint Joseph, qui avez aimé le travail et fui l'oisiveté,

Saint Joseph, affectionné à la prière, au jeûne et au labeur,

Saint Joseph, modèle accompli d'une parfaite justice,

Saint Joseph, miroir de vraie obéissance,

Saint Joseph, dont l'humilité fait la base de la grandeur,

Saint Joseph, qui, en société de Jésus et de Marie, êtes devenu un grand contemplatif,

Saint Joseph, dont la face vénérable ressemblait à celle même de Jésus-Christ,

Saint Joseph, qui avez terminé votre vie, penché sur le Cœur de Jésus, et recevant le baiser d'adieu des lèvres pudiques de Marie,

Saint Joseph, qui après être expiré, avez eu la face arrosée des larmes d'un Dieu et de celle de sa sainte Mère,

Saint Joseph, dont l'âme a pu venir souvent, sous la forme d'un ange, visiter et consoler votre virginale Épouse, veuve et désolée,

Saint Joseph, que nous estimons avoir ressuscité avec Jésus-Christ,

Saint Joseph, que nous pouvons pieusement croire être en corps et en âme dans le ciel,

Saint Joseph, illustre Patriarche dont la gloire est immense dans le céleste séjour, et digne d'un très grand honneur sur la terre, priez pour nous.

Saint Joseph, qui êtes à la droite du Christ, en qualité de son ministre, et de votre glorieuse Épouse Marie, en qualité de son Époux,

Saint Joseph, qui êtes assis sur un trône à part dans le royaume céleste,

Saint Joseph, dont la nature et la grâce semblent s'être données la main pour vous combler de ses faveurs,

Saint Joseph, dont la sainteté, les mérites et la gloire, fait l'admiration des Anges et des hommes,

Saint Joseph, qui pouvez tout obtenir du cœur de Marie votre Épouse, et de celui de Jésus-Christ, votre fils,

Saint Joseph qui, mieux que l'ancien Joseph, pouvez rassasier la faim de nos âmes qui épuise nos corps,

Saint Joseph, qui nous aidez dans toutes les nécessités, principalement à la mort et au jugement particulier,

Saint Joseph, doux patron de nos âmes et notre espoir dans les misères de la vie,

Saint Joseph qui, pour avoir souffert, comprenez mieux nos peines, et avez le cœur plus porté à nous secourir,

Saint Joseph, qui savez bien consoler nos âmes quand la tribulation vient les visiter,

Saint Joseph, qui nous avez appris par votre exemple que la patience ne doit jamais se démentir, parce que la couronne est belle au ciel pour celui qui souffre généreusement sur la terre,

Saint Joseph, notre intime consolateur dans tous les maux,

Saint Joseph, notre intercesseur puissant auprès de Dieu,

Saint Joseph, notre grand protecteur dans le ciel,

Saint Joseph, le meilleur de nos amis sur la terre,

Agneau de Dieu, qui effacez les péchés du monde, pardonnez-nous, Seigneur.

Agneau de Dieu, qui effacez les péchés du monde, exaucez nous, Seigneur.

Agneau de Dieu, qui effacez les péchés du monde, ayez pitié de nous, Seigneur.

— Priez pour nous, ô bienheureux Saint Joseph, priez pour nous,

Afin que nous soyons dignes d'être écoutés de Jésus-Christ, et de voir la glorification solennelle du bienheureux Gerson,

ORAISON

Dieu tout puissant, tout sage et tout bon, qui avez élevé à la dignité incomparable de Tuteur de votre divin Fils et d'Époux de la Vierge Immaculée, le bienheureux saint Joseph et qui, après l'avoir laissé dans l'ombre durant quatorze siècles, vous êtes servi du bienheureux Jean Gerson pour hâter, introduire et étendre son culte dans l'Église ; accordez-nous par l'intercession puissante du même saint Joseph, que Celui qui a si bien avancé son honneur et sa gloire sur la terre et qui, comme lui, est resté méconnu jusqu'à ce jour, reçoive enfin, après lui, du Souverain Pontife, la consécration solennelle de sa sainteté qu'il nous semble avoir bien méritée. Cette grâce, nous vous la demandons par Jésus-Christ Notre-Seigneur. *Ainsi soit-il.*

SUPPLICATIONS A LA SAINTE FAMILLE, JÉSUS, MARIE ET JOSEPH,
POUR LA GLORIFICATION SOLENNELLE DU BIENHEUREUX
GERSON.

Et maintenant, ô doux Seigneur Jésus-Christ, immaculée Marie et très-saint Joseph, nos yeux se tournent vers vous, nos cœurs vous supplient en faveur de celui à qui vous devez beaucoup de votre exaltation, de votre règne et de votre gloire dans l'Église catholique-romaine.

Glorifiez donc, ô Trinité vénérable *veneranda Trinitas*, le dévôt Gerson qui, dans un enthousiasme pieux, vous qualifia le premier de ce glorieux nom, comme étant l'image de la Trinité adorable, et ne vous sépara jamais dans son amour, dans ses louanges et dans son culte.

Glorifiez le dévôt Gerson, si grand par son zèle, par sa science sacrée, par ses soins surtout pour l'éducation chrétienne de l'enfance, là, où il fit briller le plus son admirable douceur et sa très-profonde humilité.

Glorifiez le dévôt Gerson, qui a consacré durant sa longue carrière ses grands travaux, ses veilles, ses soupirs et ses larmes, pour procurer à l'Église, durant le schisme le plus long,le plus douloureux et le plus fatal, l'union et la paix que cette Épouse mystique du Christ dans son affliction réclamait avec instance.

Glorifiez le dévôt Gerson, votre tendre et assidu contemplateur, ô miséricordieux Seigneur Jésus-Christ, dans les mystères de votre enfance, de votre passion et mort, et de votre très-divin Sacrement [1], le vigoureux défenseur des privilèges de votre Mère et surtout de son Immaculée Conception ; le plus grand Apôtre, sans contredit,des gloires de cette bienheureuse Vierge et de son très chaste Époux Joseph, votre père nourricier et votre Sauveur.

Vous en particulier, ô Marie, ô Joseph, vous obtenez de Notre-Seigneur Jésus-Christ tant de faveurs à des âmes qui vous offrent, comme en passant, quelque léger témoignage d'amour, de confiance, de pieuse vénération. Ah ! que n'obtiendrez-vous pas pour l'honneur et la glorification de votre bienheureux et si fidèle serviteur Jean Gerson, qui, avec un zèle sans égal, a mis au service de votre cause sa voix, sa plume, ses bons conseils et l'influence de ses saints exemples.

Vous plus particulièrement encore, ô glorieux saint Joseph, que ne ferez vous point pour ce grand Docteur qui a supplié avec tant d'insistance la sainte Église réu-

---

[1] Voyez parmi ses traités sur lés mêmes sujets, les suivants : *Quomodo puer Jesus in mente devota concipitur, nascitur, balneatur, nutritur*, etc. *Expositio in passionem Domini.* — De la mort et passion de Notre-Seigneur Jésus-Christ. — *De præparatione ad missam* — *Incitatione ad digne suscipiendum corpus Dominicum.Notabile documentum de altaris sacramento.* — *De præsentibus Domini Jesu verbis: Venite ad me omnes.*— *Florctus,* lib. iii, *De sacramento Eucharistiæ.* — Et le quatrième livre de l'*Imitation* qui lui est le plus généralement attribué.

nie en Concile Général, de poser enfin sur votre front
sacré le diadème de gloire qui vous fait briller d'une
incomparable splendeur ici-bas, et vous assure à jamais
l'hommage des fidèles.

O notre doux Protecteur, exaucez les vœux que nous
vous adressons pour la glorification terrestre et finale
du bienheureux Jean Gerson. Songez que vous lui devez
en quelque sorte les solennels honneurs que vous rend
aujourd'hui l'Église prosternée à vos pieds. Songez, ô
notre Saint bien-aimé, que tous ces fidèles que leur foi
et leur confiance amènent vers vous y ont été invités
par le même Gerson, parce que, disait-il, « aimer, vénérer et louer saint Joseph, c'est aimer, vénérer et louer
Jésus et Marie[1]. »

Vierge Immaculée et saint Joseph, priez Notre-Seigneur Jésus-Christ,

Afin qu'il daigne nous accorder bientôt la glorification de votre grand serviteur Jean Gerson.

Prions

O Dieu, qui résistez aux superbes et donnez votre
grâce et votre gloire aux humbles, qui abaissez celui
qui s'élève, et élevez celui qui s'abaisse, glorifiez enfin
par la voix du Souverain Pontife votre très-humble serviteur Gerson, si fidèle imitateur de votre divin Fils
dans sa vie pauvre, abjecte et souffrante. N'ayez point
d'égard, Seigneur, au désir qu'il a si souvent exprimé,

---

[1] Sicut laus Mariæ est laus Christi filii sui, ita laus Joseph in
præconium redundat utriusque. (*Serm. de Nativ. Glorios. Virg.
Mariæ, et de commendat. Virg. sponsi ejus Joseph, In Concilio
Constantiensi.*)

surtout à la fin de sa carrière, de rester dans l'oubli, méconnu et négligé ; mais, touché des besoins de la Société *menacée dans le principe religieux même qui la rattache à vous*, (l'éducation de l'enfance,) donnez-lui, nous vous en conjurons, dans votre Église qu'il a aimée avec tant d'ardeur et défendue par sa parole et par ses écrits, avec une constance invincible, le rang qu'il nous semble que ses sublimes vertus et ses laborieux travaux lui ont mérité.

C'est la grâce que nous vous demandons, ô Trinité sainte, que Gerson a si vaillamment fait adorer et glofier, par Jésus-Christ notre Sauveur, par son immaculée Mère et par notre grand protecteur saint Joseph. *Ainsi soit-il.*

Oraison à Notre-Seigneur Jésus-Christ et à la Vierge Marie, traduite du bienheureux Gerson par M. Léon Gautier.

« O Marie, dit M. Léon Gautier, vous avez veillé sur l'Église quand Dieu lui permit de traverser cette redoutable épreuve du grand schisme. La science et l'éloquence furent alors, grâce à vous, mises une fois de plus au service de la vérité. De grands Docteurs s'élevèrent et défendirent l'Unité sainte.

« Mais ce fut encore à la France que revint l'honneur de fournir à l'Église son plus Saint, son plus intrépide Défenseur.

« Je ne veux pas aujourd'hui vous prier par moi-même, ô Vierge-Mère ; mais j'emprunterai les paroles de notre Gerson, et vous supplierai de me donner, non pas son Génie, mais sa foi vive, et surtout le ciel. *Amen, Amen.* »

A la Mère et au Fils

O certaine espérance et suprême refuge des âmes, ô Jésus notre Rédempteur, et vous, Vierge Marie, sa mère glorieuse ; quand même pauvret que je suis, je serais abandonné et repoussé par tous les autres Saints, j'aurais encore et néanmoins confiance en l'admirable surabondance de votre douceur, de votre miséricorde, de votre largesse et de votre immense bonté.

C'est en vous deux, c'est par vous deux qu'a été achevée et parfaite l'œuvre de notre rédemption. Votre mission, votre office, si j'ose ainsi parler, c'est de porter secours aux malheureux, c'est de ressusciter les pécheurs. Sans cela, Seigneur Jésus, vous n'auriez pas revêtu notre humanité, et vous, Dame glorieuse, vous n'auriez pas reçu le don de la Maternité divine.

C'est ainsi que mon frère selon la chair, est mon Dieu et mon juge. C'est ainsi que ma Sœur, la Mère de ce Juge, est en même temps mon avocate et ma protectrice. Par moi-même, je suis pauvre, mais avec eux, mais en eux je suis riche.

Tout ce qui m'est nécessaire, tout ce qui a quelque opportunité pour mon âme, je le trouve très-abondamment en Jésus et en Marie, et ils ne me refuseront jamais rien d'utile ni rien de salutaire. Jamais donc ces deux Noms ne sortiront de ma mémoire, alors même que je n'aurais pas éprouvé leur douceur et leur bonté.

Placé entre ces deux secours, comment pourrais-je manquer de rien ? Pourquoi n'espérerais-je pas ? Pourquoi me défierais-je ? Surtout si je ne m'écarte point d'eux, et si ma lâcheté n'éloigne pas de moi un tel appui. Voilà ce que je vous demande instamment.

O Mère, ô Fils, qui avez voulu m'unir et m'attacher à vous par les liens solides de l'Espérance et de la Foi, faites que par l'appui de cette grâce je ne puisse jamais être séparé de vous, et qu'à cet effet vous me trouviez à mon dernier soupir tout rempli de cette espérance et de cette grâce. *Amen.*

Prières à la Vierge, d'après les Manusc. du moy. âge, au 25 Mai.

Autre Oraison du bienheureux Gerson à Notre Seigneur Jésus-Christ et à la glorieuse Vierge.

O moi inconsidérée, inoccupée et malheureuse, avec quelle témérité ai-je osé si souvent me soustraire à votre protection assurée, ô mon père Jésus-Christ, ô ma douce mère Ma-

ric? Pourquoi ai-je couru çà et là parmi les amères volup-
tés et les rives dangereuses de la mer de ce monde? Pourquoi ai-je cherché avec tant d'empressement ailleurs ce que
je trouve ici bien préparé, abondamment et avec sûreté? Pourquoi courir encore après les richesses, les honneurs, la sagesse et la volupté mondaines? Ne dois-je pas plutôt trembler d'effroi dans la pensée que le jour de la mort ne me
trouve dépourvue de votre secours! Alors je serais précipitée
au fond des enfers, où il n'y a plus de rédemption. Pourquoi
différer, pourquoi négliger de m'adonner à une sainte méditation, de profiter des utiles conseils des gens de bien, qui
m'aideraient à me soustraire à tant et de si grands maux
dont je suis menacée...

Certainement, je n'ai que trop montré ma grande inertie
et mon extrême ingratitude, d'autant plus que, en vérité, ma
misère est bien profonde, jusqu'à ce que je me sois décidée à
venir à ce refuge, à ce secours qui m'étaient préparés en vous
deux, ô très-doux Père Jésus-Christ, Vierge Marie, Mère
très-bienveillante !

Je suis cette brebis qui s'était perdue par mille égare-
ments. Je suis cette fille insensée, cette fille oisive, cette
fille vagabonde. qui ne veut avancer dans le sentier de la
vertu qn'autant qu'elle est attirée et poussée. Prenez donc la
main de cette fille, tenez-la bien, gouvernez-la, et ne l'abandonnez pas à elle-même, de crainte qu'elle ne se précipite
à l'instant dans l'abîme de la la perdition. *Ainsi soit-il.*

Mendicité spirituelle.

*Supplications du bienheureux Gerson à Marie, à l'effet
d'obtenir de l'Église une fête en l'honneur de son saint
Mariage avec saint Joseph.*

O douce Marie ! vous le voyez, tout me ramène à votre
céleste union avec saint Joseph. C'est là le sujet habituel
de mes méditations et de ma prière, c'est là ma dévotion
chérie. Vous savez, ô bonne Mère, le désir le plus vif que

j'éprouve dans mon cœur, d'être le témoin d'une fête instituée dans l'Église pour célébrer avec solennité votre sacré Mariage.

Je vous en supplie, ô Marie ! obtenez-nous cette grâce par vos prières et par vos mérites. Nous fêtons avec tant de pompe votre aimable naissance, obtenez-nous quelque chose de plus. Laissez-nous espérer que l'Église, par votre puissante intercession, ne tardera pas à couronner nos vœux les plus ardents, en accordant les mêmes honneurs à ces Noces à jamais mémorables, où seront conviés tous les cœurs qui vous sont religieusement dévoués.

Ô douce Marie, avec quelle ferveur nous voulons environner vos autels, quand la grâce que je vous demande nous sera accordée !... Quels hommages ne rendrons-nous pas en même temps à ce chaste Époux Joseph que vous avez tant aimé ! Nous purifierons nos âmes de toute souillure, afin qu'elles deviennent de dignes épouses du Christ.

En effet, notre âme s'unit intimement à Dieu, notre Sauveur. Un amour chaste l'embrase toute entière. Alors un germe divin la rend féconde, et les fruits de grâce qu'elle produit font l'admiration et la joie du ciel et de la terre, Est-ce qu'il n'y a pas là quelque reminiscence du mystère qui s'accomplit dans votre sein, ô Vierge sacrée, au jour béni de vos communications si ineffables avec la divinité ?

Je cherche sans la trouver une expression nette qui rende l'inénarrable douceur, l'inexprimable intimité de ces communications toutes mystérieuses. Je ne sais que ces deux mots d'Époux et d'Épouse dont parle Salomon, dans son divin Épithalame. Ces deux mots seuls révèlent tout ce que peut produire l'union la plus tendre et la plus sacrée de l'âme avec son Dieu bien-aimé...

— Je parle de l'Épithalame de Salomon, mais prenez garde. Si votre imagination est trop ardente, et trop facile à s'enflammer, ne touchez à ces pages sacrées qu'avec réserve, car vous pourriez y trouver quelque danger...

Josephina, Distinct. V.

Oraison du bienheureux Gerson à la très-sainte Vierge, en mémoire de son Mariage avec saint Joseph,

Vierge sainte et sacrée, vueillez m'obtenir cette grâce de votre cher et doux Enfant Jésus, qu'on puisse en votre dite église (Notre-Dame de Paris) et toutes les autres de la chrétienté, célébrer dignement sans supertitions, le virginal Mariage du saint, juste et vierge Joseph avec vous, lequel vous aima d'un amour si pur, vous garda et vous gouverna avec tant de soin, vous et le béni Enfant Jésus, vous accompagna toujours, vous honora chastement et saintement, comme vous le fîtes à son égard avec tant de bonté et d'humilité, de sorte que maintenant il jouit avec vous de la gloire céleste. Que par les mérites et les intercessions de votre chaste Époux, le très-doux et glorieux Jésus qui vous est né, que vous avez nourri en ce mariage sacré, nous fasse être participant des noces célestes et de la gloire éternelle, lui qui est l'Époux de l'Église triomphante, et Dieu béni dans tous les siècles. *Ainsi soit-il.*

Prière du bienheureux Gerson à la glorieuse Vierge Marie.

Reine glorieuse, Vierge que Dieu salue aujourd'hui d'une manière noble et sublime, Vierge éminente qui êtes appelée bénie, nous vous prions par ce merveilleux salut, par cette amitié naturelle qui doit exister entre les sœurs et les frères, formés de la même chair et du même sang. Vous tenez à nous par ces liens ; quoique nous soyons pauvres et petits, que nous soyons dans la prison ou l'exil, nous n'en sommes pas moins vos frères et vos sœurs, car Dieu l'a voulu ainsi.

Nous vous supplions encore par cette plénitude de grâce, par cette bénédiction qui vous élève au-dessus de toutes les femmes, par le titre de Mère de Dieu. Mettez en nous trois grandes vertus, la vérité, la chasteté et l'humilité. Chassez

loin de nous trois infâmes traîtres ! le mensonge adulateur,
la volupté, l'ambition séduisante ou la violence. Ainsi pour-
rons-nous mériter par votre faveur, ô Vierge pleine de bonté,
d'être salués par vous, lorsque nous vous aurons saluée et
honorée, que nous vous aurons invoquée dans nos besoins,
et que tous nous aurons dit en nous-mêmes : « Je vous
salue, Marie, pleine de grâce ; avec vous est le Seigneur, lui
qui vous a glorifiée plus que toutes les créatures »

Sauvez-nous tous, ô Vierge Marie, et obtenez-nous ici la
grâce, là haut cette gloire éternelle que donne Celui qui
règne dans les siècles. *Ainsi soit-il.*

*Prière du bienheureux Gerson à Marie, Étoile mystique
de la mer de ce monde, pour qu'elle nous guide vers le
Ciel.*

O Marie, vous êtes bénie au-dessus de toutes les créatures
de votre sexe, parce que c'est vous seule qui avez éloigné
la malédiction, attiré la bénédiction et ouvert la porte du
ciel. C'est avec raison, ô céleste Reine, que vous portez le
nom de Marie, qui signifie Étoile de la mer. Car de même
que l'étoile conduit les nautonniers au port, ainsi, divine
Vierge, vous nous conduirez nous-mêmes, selon notre espoir, dans le repos éternel où, avec tous les Saints, nous vous
bénirons sans fin. *Ainsi soit-il.*

*Prière du bienheureux Gerson à saint Joseph, pour deman-
der son secours très-efficace contre les maux de l'âme et
du corps.*

Illustre Patriarche, saint Joseph, vous êtes le noble reje-
ton de David, l'ami particulier de la justice, l'égal des plus
illustres Prophètes, resplendissant aussi de l'éclat de la vir-

ginité, le gardien de Marie, le témoin, le pourvoyeur et le fidèle ministre de Jésus-Christ, le confident du mystère qu'ont ignoré les siècles passés. Vous avez porté dans vos mains le Verbe fait chair et avez commandé à Celui qui commande à l'univers; vous êtes l'époux et le seigneur de la Mère du Seigneur des seigneurs; vous avez accompli excellemment votre pélérinage de la terre et vous régnez maintenant dans la céleste patrie, exempt de toute crainte, de tout labeur, de toute angoisse. Daignez, nous vous en supplions, abaisser sur nous des regards bienveillants et venir à notre secours dans les mille dangers que nous courons. Soyez des pauvres pélerins que vous voyez à vos pieds le protecteur, le guide, la ressource; soutenez-les dans leurs fatigues, ôtez les obstacles qui leur obstruent le chemin. Dirigez les aveugles, relevez ceux qui tombent, et obtenez-nous à tous la grâce pour guide, l'espérance pour bâton, la paix dans la foi, les douceurs de l'oraison. Faites aussi, par votre protection, que nous surmontions les suggestions du démon, du monde et de la chair, et ne rejetez point des pécheurs à l'occasion desquels le Seigneur a tant fait pour vous et votre sainte Épouse, la divine Mère de Dieu. C'est par là que vous mettrez le comble aux obligations que nous vous avons et à la reconnaissance que nous vous devons. *Ainsi soit-il.*

Invocation à saint Joseph pour les enfants.

Grand saint Joseph rempli des grâces du bon Dieu, *replete gratia,* comme parle le bienheureux Gerson, et orné des plus belles vertus comme d'autant de fleurs du paradis, on dit que vous aimez d'un amour de père tous les membres de la famille chrétienne, que tous ceux qui vous invoquent sont assurés d'avance d'être exaucés, et qu'il suffit de frapper à la porte de votre Cœur béni pour y être aussitôt introduit, consolé, enrichi de dons célestes. Cependant, il est une por-

tion de cette famille chérie, qui paraît être plus intéressante
à vos yeux, plus chère encore à votre Cœur et à qui vous
ne savez rien, absolument rien refuser, ce sont les enfants.
Quand donc, ô bienheureux Père de Jésus, les enfants viennent à vous et vous adressent une prière, exaucez-les, pre-
nez-les sous votre sauvegarde, afin que, préservés des em-
bûches du démon qui en veut à leur innocence, ils arrivent
sous votre direction à Jésus-Christ. *Ainsi soit-il.*

> Tirée du *Cœur de saint Joseph ouvert à ceux
> qui l'implorent.*

Prière à saint Joseph, Guide de la jeunesse.

C'est à juste titre, pieux et bon saint Joseph, que l'on vous
regarde comme le Patron de la jeunesse, vous qui servîtes
de guide à l'enfance du Sauveur. Ah ! ne perdez pas de vue
les besoins du jeune âge, si exposé à mille périls par son
inexpérience et sa simplicité. Guide de Jésus en Égypte,
dirigez la jeunesse à travers les montagnes, les voies tor-
tueuses de cette vie. Obtenez pour elle du Sauveur-Enfant
la fuite du monde, la crainte de ses séductions. Que par vos
suffrages et ceux de la bonne Marie, chaque enfant soit un
autre Jésus en docilité, en tendresse, en respect ; qu'il console l'Église par sa foi, ses parents par son amour ; et que,
vertueux jusqu'à la mort, il les dédommage des peines qu'il
leur fit éprouver. Riche en pouvoir auprés de Dieu, vous
l'êtes en miséricorde ; n'abandonnez ni l'enfance, ni la vieillesse. *Ainsi soit-il.*

> Tirée du *Cœur de saint Joseph ouvert à ceux
> qui l'implorent.*

Gémissements d'une mère aux pieds de saint Joseph.

Saint Patriarche et Chef de la sainte Famille, il n'est pas une maison vraiment chrétienne qui ne se fasse un devoir de vous honorer et de recourir à vous dans la tribulation et l'angoisse. Et vous inclinez doucement votre oreille, et vous ouvrez largement votre Cœur miséricordieux aux supplications qui vous sont adressées. Voici, ô mon saint Protecteur, qu'une malheureuse mère vient déposer à vos pieds bénis les peines dont est navré son cœur à la vue de ses enfants ingrats et méchants. Vous seul, bienheureux Joseph, pouvez bien m'entendre, me comprendre et me soulager, parce que vous savez ce qu'est un cœur de mère pour le fruit de son sein. Voyez couler mes larmes, écoutez les gémissements de mon cœur et bénissez une mère qui vous demande la résurrection spirituelle de son enfant. Faites plus encore, ô grand Saint! aidez-moi dans le pénible labeur de l'éducation de mes enfants, dirigez-moi et soutenez-moi dans ce travail de tous les instants ; mais surtout bénissez les efforts de mon zèle, je vous en prie par l'amour que vous portez au saint Enfant Jésus. Oui, obtenez-moi de bien élever mes enfants dans la vertu et la piété: s'ils s'égarent, oh! ramenez-les vite. Quel malheur s'ils venaient jamais à périr pour l'éternité! Si je n'en fais pas des saints, ce seront des réprouvés en enfer. Quelle alternative! que c'est déchirant, que c'est affligeant pour un cœur de mère! Ah! mon bon Saint, non, mes enfants ne se perdront pas, je vous les confie, je les place à vos pieds sacrés, même dans votre Cœur, afin qu'en la vie et à la mort ils soient constamment à vous et protégés par vous. *Ainsi soit-il.*

Tirée du *Cœur de Saint Joseph ouvert à ceux qui l'implorent.*

ÉGLISE AU PAYS NATAL DE GERSON

UNE ÉGLISE A ÉDIFIER AU PAYS NATAL DU
BIENHEUREUX GERSON

Nous disons une église à édifier au pays du bienheureux Gerson ; mais nous ne disons pas une église à édifier en son honneur, parce qu'il n'est pas encore canonisé
par le Souverain Pontife, et que, comme chacun le sait,
on ne peut élever des églises qu'en l'honneur des Saints
inscrits au martyrologe romain, à moins d'un privilége
du Saint-Siége apostolique. Mais en attendant que,
selon nos espérances, l'Église romaine ratifie et consacre
le *Culte immémorial* du Serviteur de Dieu Jean Gerson,
il nous semble bien permis de faire appel à la Nation
française, et de demander son concours pour élever au
pays qui vit naître ce Bienheureux, un monument religieux digne de rappeler aux générations futures un si
grand et si saint Caractère.

Ce *Génie* vraiment *divin*, ainsi qu'on l'a surnommé,
mérite assurément quelque chose de plus que l'ingratitude et l'oubli. La France, est trop équitable pour négliger jusqu'à ce point Celui qui est l'une de ses gloires
les plus précieuses. Depuis quelques années, elle s'em-
ploie à le manifester à son peuple, non-seulement par

des places, des rues et des institutions qui portent son nom, à Paris, à Lyon, à Compiègne et en d'autres villes, mais encore par des statues et autres marques de sa gratitude à son égard.

C'est ainsi que, en 1872, la ville de Paris mit quatre pierres brutes à la disposition de l'art; l'une d'elles par les soins de Mᵍʳ Maret, devait représenter sous le travail de l'artiste un Gerson authentique. M. Félon dont le ciseau n'avait plus besoin de faire ses preuves, s'est dignement acquitté de la tâche qu'il s'était imposée, il nous a donné un vrai Gerson. Ses traits expriment la sagesse et le travail de l'intelligence, la gravité et la douceur, la piété et la modestie, qui ornaient si avantageusement la discrète personne du saint Chancelier de Paris.

Cette statue pleine de vie, par l'attitude donnée au grand Docteur de l'enfance, exprime aussi le penseur, le philosophe par excellence; elle a deux mètres cinquante centimètres de hauteur. Elle fut posée en 1874, après avoir eu l'honneur des salons, sur la façade même de l'église de la Sorbonne, à droite de celle du célèbre Bossuet, l'un de ses plus illustres disciples et son admirateur. Sous l'un des bras du Chancelier est un livre qui, dans la pensée de l'artiste, ne peut être que *l'Imitation de Jésus-Christ*.

De son côté, la ville de Lyon, si dévouée au culte des Saints, vient enfin de réparer le tort qu'elle a eu de négliger un peu trop le culte du tendre consolateur de ses habitants d'autrefois. Les fils veulent restaurer, sinon le culte public ecclésiastique, au moins la vénération que leurs pères avaient vouée au Saint et immortel Chancelier.

Il était venu abriter son honorable vieillesse dans la cité de Lyon qu'il éclaira par sa lumineuse doctrine, vivifia par ses saints exemples et consola par les admirables conseils de sa sagesse et de son expérience ; c'est pourquoi cette Cité si chrétienne, par reconnaissance pour le Génie bienfaisant du sublime Gerson, revendiqua la gloire de lui donner un tombeau. Certes, elle n'eut pas à regretter ce don ; car elle vit, non sans étonnement, ce tombeau être longtemps illustré par des miracles signalés ; surtout envers les petits enfants malades, marques sensibles de la protection que lui accordait encore après sa mort le bienheureux Gerson, et de la gloire céleste dont Dieu avait investi son immortel Serviteur.

MM. Mangini, catholiques sincères, et bienfaiteurs dévoués, désireux de payer ce tribut à la mémoire du grand Civilisateur chrétien qui confia à la ville de Lyon sa précieuse dépouille, viennent de remplir des vœux d'ailleurs bien chers à leurs honorables concitoyens, vœux qui, exprimés en divers temps depuis un demi-siècle, restèrent sans réalisation ; ces dignes Messieurs ont confié une pierre à un artiste de Lyon, fort distingué par le talent et le sentiment religieux, M. Charles Bailly, qui a fait jaillir de cette pierre brute un vrai chef-d'œuvre, d'autant plus difficile à exécuter, qu'il forme groupe.

Haute de deux mètres, abstraction faite du piédestal, plein de relief et d'harmonie, et dont la ciselure est due à l'architecte M. Sainte-Marie Perrin, la statue du Chancelier a été posée en 1879, avec une grande et pieuse solennité, dans la coquille des arcades qui soutiennent le quai de débarquement de la gare des Dombes, tout en face le porche de l'Église de Saint-Paul, où le bienheureux Gerson laissa les plus saints de ses souvenirs.

M. Bailly a fait preuve d'un grand bon sens, en nous

montrant Gerson remplissant les fonctions si humbles
d'instituteur chrétien et de catéchiste, revêtu de tous les
insignes de Chancelier. Outre que ce merveilleux con-
traste est plus frappant, il paraît certain que souvent à
son poste, à Paris, le sublime Chancelier catéchisait l'enfance avec son costume de cérémonie.

Quoiqu'il en soit, l'artiste nous le montre vêtu de la
simarre : les manches et l'ouverture de la tunique bor-
dées de fourrure, le manteau de Chancelier doublé d'her-
mine, jeté négligemment sur les épaules ; la tête coiffée
du bonnet de docteur.

L'attitude est simple et majestueuse à la fois. Gerson
protége un jeune enfant placé devant lui, en costume de
l'époque, et qui s'appuie à demi contre sa tunique pendant qu'il lui explique son catéchisme ; de la main gauche, il lui touche légèrement l'épaule, comme pour le
couvrir de sa protection ; de la droite, dans un geste
d'une distinction suprême, il lui montre le Ciel : on dirait
le commentaire de la devise du Chancelier : *Sursum Corda!*

En vérité on est heureux de rencontrer dans le par-
cours de la vie, où de toutes parts le matérialisme nous
environne, des artistes qui ont le sentiment du bien, du
beau, du grand, et qui mettent avec un talent rare leurs
conceptions au service de la religion et de la morale.

D'autres monuments de l'art en divers lieux, rappel-
lent aussi le sublime et pieux Gerson, Assez récemment,
on a enrichi l'église de la Sorbonne d'un très-splendide
tableau peint à fresque, représentant la Théologie Chrétienne, c'est-à-dire un groupe où dominent les principaux Pères et Docteurs de l'Église. Notre Saint y figure
en costume de solennité, déposant sur l'autel où est
exposé le saint Sacrement son livre d'or « *De Imitatione
Christi.*»

Nous ne pouvons absolument omettre l'initiative de l'Académie de Reims pour la glorification de son cher et saint compatriote. Elle s'occupe depuis quelques années à faire revivre la mémoire des grands hommes du pays des Ardennes, sous la sage direction du vertueux M. Jadart, juge à Reims. Elle a donc voté une somme destinée à cette œuvre toute patriotique, et dans la nomenclature de ces hommes illustres, notre bienheureux Gerson n'a point été oublié. Par ses soins, un monument commémoratif de la mémoire du célèbre Chancelier devait être élevé dans l'église actuelle de Barby. Le projet d'une église nouvelle n'a fait qu'ajourner l'exécution de cet acte qui honore les savants membres de l'Académie de Reims. Non seulement un monument commémoratif, mais même une chapelle sera élevée en l'honneur du bienheureux Gerson et à la mémoire de sa sainte mère dans cette église de Barby.

Nous aimons à rappeler ces faits bien consolants pour notre époque, faits qui témoignent de la piété et de la vénération de la France à l'égard de Celui qui toujours s'est montré son fils le plus dévoué. Nous y puisons un encouragement à solliciter le concours des catholiques Français pour de nouveaux honneurs que le mérite et le nom de l'immortel Chancelier réclament de leur générosité patriotique et chrétienne.

Ces nouveaux honneurs dont la justice et la reconnaissance les plus légitimes s'empressent aujourd'hui d'entourer le bienheureux Gerson, se réduisent pour le moment à la construction d'une église au pays même qui le vit naître. Cet édifice sera destiné à immortaliser le souvenir de ses incomparables vertus, de ses longs et laborieux travaux pour l'Église et pour la France, surtout ceux qu'il a accomplis pour organiser et propager l'enseignement primaire et religieux chez nos Pères, et qu'à deux siècles de distance le saint fondateur des Frères des Écoles Chrétiennes, Jean Baptiste de la Salle, également champenois, a repris en sous-œuvre.

Mais est-il nécessaire de rappeler ici les titres qu'a le chancelier Gerson à l'amour et au dévouement des fidèles enfants de la France? Ces titres, qui ne les connait, qui n'a su les apprécier? Ils sont indiscutables, dans ces jours surtout où il nous paraît si glorieux et si opportun de faire revivre le nom et la mémoire de ce plus grand Maître chrétien de l'enfance.

L'œuvre de la construction d'une église à Barby, pays de notre saint Enfant ardennais, rencontrerait-elle des contradicteurs, puisqu'elle a déjà, nous le savons, l'approbation et le concours de tous les hommes intelligents, vertueux et honnêtes, ajoutons la sanction et les encouragements du pieux Pontife qui gouverne avec tant de sagesse l'Église de Reims.

Oui, son excellence Mgr Langénieux, Archevêque de Reims et Primat de la Gaule-Belgique, qui aime tant ce qui est de nature à glorifier l'Église et la France, a béni et recommandé cette œuvre qu'il secondera de tout son pouvoir avec le concours principalement de M. l'abbé Juillet, premier Vicaire-Général de son Excellence, et celui de M. l'abbé Léonardy, curé de Barby.

Des écrivains distingués, des littérateurs, des poètes, des polémistes, des historiens, des publicistes, des artistes même, ont déjà mis les uns leur plume et leur talent, les autres leur burin ou leur pinceau, à la disposition de l'œuvre. Ils se trouvent heureux de saisir cette occasion de rendre hommage à la vertu, à la piété et aux mérites du vénérable Chancelier de Paris, l'éternel honneur de l'Église, de la France et de son Université ! D'autres encore, nous n'en doutons pas, se feront l'écho de leur patriotisme et de leur zèle pour la cause du grand Docteur Gerson qui est toute chrétienne. L'église de Barby d'ailleurs restera comme un témoignage impérissable de ce précieux concours des bons Français.

Il nous sera permis de répéter que, dans cette église d'un pays rendu célèbre par notre bienheureux Gerson, une chapelle sera spécialement affectée à la mémoire de ce saint Serviteur de Dieu ; là seront déposés les ossements de sa pieuse et excellente mère, dont la tombe se trouve aujourd'hui encore précieusement conservée sur la droite du petit portail de l'église actuelle [1].

Une église qui conserve des titres si précieux, des souvenirs si saints et si chers même à l'histoire archéologique, ne devra point disparaître tout-à-fait. Là, la mère de notre Bienheureux est venue si fréquemment prier et répandre ses larmes devant le Seigneur. Là elle est venue si souvent aussi offrir ses nombreux enfants à l'auteur de leurs jours. Là, lui-même, le bienheureux Gerson depuis l'aurore de sa vie, est venu s'agenouiller pieusement aux côtés de son vertueux père ou de sa

---

[1] Cf. M. Bredy, curé de Nanteuil-sur-Aisne. *Le bon curé de Barby.* Une pierre fort dure, incrustée dans le mur de l'église et sur laquelle est gravée en vers et en lettres gothiques l'épitaphe de la mère du Chancelier redit à tous les âges combien pure et sainte fut sa vie, douce et consolante fut sa mort dans le Seigneur. Cette épitaphe seul souvenir de la famille doit se lire ainsi :

Elisabeth-la-Chardenière
D'Arnault-le-Charlier épouse
Auxquels enfants ont été douze,
Devant cest hust fust enterrée
M. Quatre cent et I l'année,
Estant de Juin le jour huitime (*huitième*)
Jhésus li doingt gloire saintime. (*Très-sainte*)

bonne et sainte mère, et a prié avec une angélique ferveur, sous son regard maternel. Là, il a dû faire sa première communion et y recevoir l'onction du Pontife avec l'abondance des grâces du Saint-Esprit. Plus tard, étudiant, prêtre, docteur, chancelier, quand ce noble Enfant de Barby, venait abriter ses soucis sous l'aile de sa mère, réchauffer sa piété près de son cœur, confier à cette mère incomparable par sa tendresse et sa sollicitude chrétienne, ses épreuves, ses joies et les secrets de sa belle âme, il n'omettait jamais sa visite à l'église paroissiale. Là donc, il offrit les saints mystères, il prêcha, il pria et pleura pour le salut de l'Église affligée par le schisme, pour la France déchirée par les factions, et couverte de sang et de ruines par les révolutions.

Un tableau de temps immémorial est conservé dans cette église. Parfaitement authentique, assure-t-on, il représente le saint Enfant de Barby, après son exil de la France. Ses traits profondément dessinés portent la trace de ses épreuves, de ses souffrances et de ses larmes ; mais aussi un front serein et pur comme l'azur des cieux, témoigne de sa résignation aux décrets de la divine Providence.

En dehors de tout motif pieux et au point de vue purement archéologique, diverses parties de l'Antique église méritent aussi d'être conservées. Selon que l'a écrit M. Jadart « le 15 octobre 1877, son Excellence Monseigneur l'Archevêque, ayant voulu visiter cette église en plein champ, sa démarche pleine de sollicitude, fait espérer aux amis de l'Histoire et de l'art que des travaux confortatifs sauveront le monument[1]. »

—————

[1] M. Jadart : *Les églises du diocèse de Reims*, in-8° p. 7. — Voir pour tous les souvenirs d'art renfermés dans l'église de

La Providence arrive toujours à ses fins, soit par un moyen soit par un autre. Ici elle est frappante dans son action. Elle inspire au pieux Archevêque de Reims, Monseigneur Langénieux, de placer à la tête de la paroisse de Barby un prêtre recommandable, M. Léonardy, bien connu et fort estimé de tout le diocèse, surtout par son zèle pour la gloire de Dieu, pour la beauté de sa maison et pour le salut des âmes.

Par obéissance au vénérable Pontife, il quitta une paroisse qui lui était chère à bien des titres, dont il s'était acquis la plus grande sympathie, et où par son activité son zèle et ses soins, en peu d'années, il avait entièrement fait reconstruire l'église. Certainement la Providence avait ses vues ; elle voulait faire revivre par son influence et dans le pays du bienheureux Gerson la mémoire de cet *incomparable Docteur de l'Église*[1]. Avant M. Léonardy, ses prédécesseurs ne parlaient jamais en chaire du pieux chancelier Gerson.

Nous la remercions bien sincèrement, cette divine Providence, de nous avoir fourni l'occasion d'entrer en correspondance avec le pieux et digne Curé, pour des documents que nous osions lui demander, pour écrire l'Histoire du bienheureux Enfant de Barby. Car l'un de ces pays appelle nécessairement l'autre puisque, pour ainsi dire, avant la complète destruction du hameau de Gerson par les guerres, les deux pays n'en formaient qu'un.

Barby semble être privilégié du Ciel, d'après le témoignage même de M. le Curé, car c'est l'une des meilleures paroisses du beau diocèse de Reims pour la Foi

Barby, M. Ch. Bredy, curé de Nanteuil-sur-Aisne. *Le bon curé de Barby ; Notice histor. sur Barby, près de Réthel*, in 12.

[1] (Mgr. Guillon, *Biblioth. des Pères*, tome XXIVᵉ...)

Chrétienne, vive et pratique, qui s'y est constamment maintenue. L'Union et la Concorde, la Compassion et la Charité, sont comme naturalisées chez les pieux habitants, et grâces à Dieu, et après Dieu à la protection du bienheureux Jean Gerson, le crime ne souille jamais ce pays. C'est presque un miracle permanent de la protection de notre Bienheureux et de sa bonne Mère, surnommée *la Sainte* dans la Contrée.

C'est un fait avéré, que le souvenir des heureux parents du sublime docteur Gerson est impérissable dans le pays. Ce fait n'est point que le résultat de la renommée universelle du Fils prédestiné, qui sera à jamais leur gloire la plus belle, il est aussi bien celle de l'éminente vertu de ces deux époux qui lui donnèrent une éducation si chrétienne. Et il semble que le Seigneur a voulu en quelque sorte consacrer lui-même la sainteté de la Mère de notre Chancelier en conservant, chose rare dans une campagne, ses pieux restes depuis bientôt cinq siècles. Que ce soit le Génie bienfaisant de notre saint Enfant de Barby ou celui de sa sainte Mère, qui plane sur ce pays, et préserve la Foi et les mœurs de ses paisibles habitants de toute atteinte du mal moral, le fait existe et nous force à conclure que le bienfait signalé d'une première éducation religieuse a une portée immense non seulement pour l'enfant, mais encore pour l'Église et la société, et pour les générations futures.

Autant la piété des habitants de Barby est solide, autant leur église laisse-t-elle à desirer : elle menace une ruine totale, et bientôt si on n'y porte un prompt et puissant secours, elle cessera d'être debout ; tant de riches et saints souvenirs disparaîtront pour toujours.

Cette pensée, depuis quelque temps, alarmait et l'éminent Archevêque de Reims et son vénéré premier Vicaire-Général et le zélé Curé de Barby. La bonne idée leur vint de remplacer, tout en conservant ce qu'elle offre de plus intéressant, l'ancienne église de Barby par un édifice nouveau, plus digne de la paroisse qu'a illustrée la naissance du bienheureux Gerson.

Quand le Seigneur, le Dieu tout-Puissant et miséricordieux se met à verser, avec ses complaisances, ses bénédictions sur un pays, une contrée, pour récompenser la Foi des habitants, ce n'est pas sitôt fini. Et s'il plaît au Ciel, et comme nous en avons une sorte de certitude, si les habitants de Barby se maintiennent dans la tradition chrétienne de leurs ancêtres, ils recevront bien d'autres faveurs spirituelles.

C'est ainsi que, secondant le zèle éclairé et la sagesse de son vénérable Archevêque, et voulant récompenser en quelque sorte les soins du bon Pasteur de Barby, pour entretenir et augmenter, dans sa chère paroisse, l'esprit Chrétien que lui avaient inspiré ses honorables prédécesseurs [1] ; attiré d'ailleurs par ses sympathies

---

[1] Voir : *Le bon curé de Barby*, M. l'abbé Godard, et *Notice histor. sur Barby et Gerson*, près de Réthel, par M. Ch. Bredy, curé de Nanteuil-sur-Aisne, in-12. Détachons quelques lignes de ce livre d'or.

Le pieux auteur parlant de la mort si édifiante de ce saint Pasteur dit : « Cette mort est à peine connue, que de toutes parts affluent les témoignages de la plus vive douleur. En pouvait-il être autrement ; des religieuses qu'il avait dirigées vers le saint Enfant Jésus, vers l'espérance ; des lévites qu'il avait conduits au sacerdoce ; du savant Père Marquigni, si chéri et si aimant, son élève d'honneur ? Déjà Messieurs les Vicaires généraux transmettent les regrets de son Excellence et les leurs. « Si nous perdons sur la terre celui qui fut le modèle des curés, nous gagnons au ciel un intercesseur pour tout le diocèse...

pour les bons habitants, M. L'abbé Juillet, premier
Vicaire-Général de Reims qui, lui aussi a la conception des grandes et saintes entreprises, vint à Barby
bénir solennellement une grande et belle statue du Sacré Cœur de Jésus. La cérémonie fut des plus magnifiques. Pensez donc ! il s'agissait de bénir le symbole le
plus touchant du Dieu d'amour au pays qui a donné à
l'Église et au monde entier le Docteur par excellence
de l'amour de Notre Seigneur Jésus-Christ, dans sa dou-
loureuse Passion et son adorable sacrement, et l'un des
apôtres de son Cœur adorable.

Mais comme l'a fait aussi entendre M. le Vicaire-Général, dans un discours à la fois paternel et éloquent,
« cette expression touchante du divin Cœur, où la placer
dans une église qui s'affaisse chaque jour, dont quelques parties menacent ruine. Evidemment ce ne pourrait être que dans un sanctuaire plus digne de la piété
des habitants, plus digne du souvenir de l'ancien et
saint Chancelier de Paris, Jean Gerson l'auteur présumé
de *l'Imitation de Jésus-Christ.* »

Comme Monseigneur va être affligé de la mort de l'excellent et
saint prêtre M. Godart... » Barby perd un curé parfait, le diocèse
un modèle, moi, le prêtre qui a été mon premier confesseur et
qui m'a fait faire ma première communion... Cette douleur si
sympathique du supérieur que M. l'abbé Godard a respecté en
tout et toujours, explique parfaitement la peine extrême ressen-
tie par les populations réunies de Barby, titre primitif, unique
pendant quarante-quatre ans au moins avec une sollicitude à
part. »
Ces quelques lignes suffiront pour l'appréciation du regretté
M. Godard.

Avoir élevé le pieux et savant Père Marquigni, de la Compagnie de Jésus, lui aussi enfant de Barby, et être resté quarante-
quatre années dans cette paroisse, c'est faire soi-même son éloge
par ses propres œuvres; et faire aussi l'éloge de la paroisse.

« Le Tout-Puissant, continue le pieux Orateur, a dit :
« Celui qui s'abaisse sera élevé. » Une église à titre
d'hommage pour la science, la prudence, la sagesse, et
pardessus tout pour l'humilité du grand Chancelier qui
fut le conseil des Souverains, le docteur des Conciles,
l'exemple du Clergé ; une église s'élevant près de la
tombe de l'épouse d'Arnault-le-Charlier, *la pieuse Mère
de l'immortel Gerson*, est une œuvre déjà commencée. »

« Heureux jour, que celui de la première pierre, jour
plus heureux celui de la Consécration définitive, assurément il nous gratifierait de la présence du vénéré
Pontife, qui aime si parfaitement les gloires de l'Église
et de la Patrie [1]... »

Oui, l'église au pays de Gerson est une œuvre commencée et terminée. Monseigneur l'Archevêque, plein
d'une foi chrétienne et d'une piété éclairée, encoura-
geant cette œuvre lui assure sa vie et son couronne-
ment.

Toutes les Universités aimeront à répondre à ce vœu
si cher à l'éminent Primat ; elles seront heureuses de
contribuer au plein succès d'une œuvre des plus propres
à glorifier Dieu, à attirer sur leurs élèves les bénédictions divines et à rappeler le nom et la sainte mémoire
de l'un des plus grands Vulgarisateurs de la science
chrétienne dans l'Église.

Entreprise sous les auspices du sacré Cœur de Jésus,
du Cœur immaculé de Marie, et du Cœur très-pur
de saint Joseph, l'œuvre de l'église de Barby, toute
pleine des émouvants souvenirs du bienheureux Gerson,
devenue œuvre catholique et nationale, ne pourra être
que favorablement accueillie par tous les fidèles En-

---

[1] *Bulletin du diocèse de Reims*, du 14 Décembre 1878.

fants de l'Église en France. Cet édifice qui va s'élever par leurs largesses, sera un monument perpétuel de leur foi et de leur esprit chrétien en plein dix-neuvième siècle. Il sera encore de leur part une éternelle protestation contre les tendances de l'enseignement athée à faire invasion dans nos Écoles catholiques.

Encore une fois, quelle figure plus grande, plus sainte, plus belle et plus resplendissante de gloire que celle du *Docteur Très-Chrétien, Évangélique et Consolateur*, pourrait-on, en nos jours, opposer à ces esprits superficiels, desséchés par le souffle de la libre pensée, égarés dans le labyrinthe des doutes, parce qu'ils ont méprisé et repoussé la lumière de la Révélation divine.

Qui ne sait que ce côté de la vie si humble et si sainte du bienheureux chancelier Gerson, transformé en instituteur de l'enfance pour l'amener à Jésus-Christ, arrachait de larmes au grand Pape Benoît XIV, et n'a cessé de faire l'admiration de l'Épiscopat et des Prêtres !

« Après les premiers Pères de l'Église, et à un long intervalle, dit Mgr de Juigné, Archevêque de Paris, *alors que la charité d'un grand nombre était refroidie*[1], un homme grand en doctrine et en piété, Gerson, très-célèbre Chancelier de Paris, voulut couronner ses grands et laborieux travaux pour l'Église par une œuvre admirable, où resplendit sa très-profonde humilité. On vit non sans étonnement le *Docteur des maîtres en Israël* devenir *le Docteur des petits enfants*[2]. »

La postérité chrétienne n'a jamais oublié ce dévoue-

[1] Matth. xix.

[2] Isaïe, xxxiii. Pastor. Paris. in-4°, tom. i, p. 397 — Cf. *Bulletin du diocèse de Reims*, du 7 juin 1879.

ment du grand Docteur à la cause Catholique et patriotique. Avant qu'aucune feuille publique ait fait appel pour l'œuvre de Barby, des souscriptions ont été offertes par des ecclésiastiques distingués, et par des laïques qui aiment à s'associer aux saintes et utiles entreprises. Notre-Seigneur ne peut que bénir une œuvre destinée à rehausser le mérite et la gloire de Celui qui, à son imitation, s'est fait le plus humble des hommes.

Non ! les fidèles n'ignorent pas qu'en contribuant, selon leurs facultés, à glorifier la mémoire d'un des plus grands serviteurs de Dieu et Pères de l'Eglise, d'un des plus zélés défenseurs des priviléges de la Vierge Marie, du plus grand Promoteur du culte de saint Joseph, par l'édification d'une église qui sera un éternel monument de piété et de reconnaissance à son endroit, leurs sacrifices pour cette œuvre seront largement bénis et récompensés par le ciel qui, selon la parole consolante du Fils de Dieu, Notre-Seigneur « tient compte d'un verre d'eau froide donné au plus petit en son nom [1]. »

Ce plus petit dans l'Église, qui est-il ? Saint Jean Gerson, Chancelier de Paris, qui, par amour et par imitation de Jésus-Christ, Fils de Dieu, a quitté tous les honneurs, les dignités, les biens légitimes et les aises de la vie, pour se séparer de la foule, mener une vie obscure et s'occuper uniquement de la contemplation des choses célestes et de l'instruction religieuse des petits enfants pauvres de Lyon et pays environnants, se faisant ainsi le *Serviteur* et le *plus petit des petits*.

Notre Gerson est, après Jésus-Christ, le grain de se-

[1] (Matth. x, 42.)

Les offrandes pour l'église de Barby sont reçues au Sécrétariat de l'Archevêché, à Reims, et chez le Trésorier de la fabrique, à Barby, près de Réthel (Ardennes.)

nevé de l'Évangile. Pour récompenser son humilité, Dieu l'a élevé au-dessus de tous les Docteurs de son époque ; de son vivant même, au sein d'un Concile Général, il a été proclamé par un vénérable Cardinal italien, « Le plus excellent des Docteurs de l'Église, *Super excellens doctor Ecclesiæ,* » honneur qui n'a jamais été accordé à aucun Père ou Docteur dans les temps les plus reculés. Ce grain de sénevé, Gerson, est devenu un grand arbre mystique dans l'Église de Dieu ; les oiseaux du Ciel, selon la pittoresque expression du Sauvéur, c'est-à-dire les âmes parfaites, les saints, les contemplatifs, les docteurs enfin, viennent se reposer sur ses rameaux qui couvrent et abritent le monde catholique [1].

Tous les éloges les plus riches, les plus beaux, les plus expressifs que l'éloquence humaine a pu trouver et par lesquels l'humble et grand Enfant de Barby a été loué, béni, exalté, ne sont que la réalisation des paroles de la vérité divine, et le développement de l'éloge inspiré par l'Esprit de Dieu, qui lui a été décerné en sa présénce même, au milieu de l'Église assemblée.

Autant de ces éloges, autant de titres qui appellent la générosité des catholiques Français pour l'œuvre de l'église de Barby. Pas un d'eux qui ne convienne qu'une obole est bien due au Père et Docteur très-excellent de l'Église, (Synode de Chartres, 1524.) — à la Lampe sacrée qui a éclairé tout l'Univers, (Merlin, théolog. de Paris.) — à ce grand Astre de l'Église latine, (Godescalt, théolog. de Louvain.) — à l'Organe de l'Esprit-Saint, (Patrignani, soc. Jesu.) — à Celui qui est rempli d'une Sagesse très-excellente, (Le docteur Harel.) --- à l'un des

---

[1] Voyez Matth. xiii, 31, et le sublime *Commentaire* du Maitre de Saci, sur le texte sacré, tome xxii, 495.

grands et des plus saints Docteurs de l'Église,(Mgr Pavy, archev. d'Alger. Le vénér.J. Eudes,Gérusez.) — à l'Oracle et la Lumière de l'Église,(P. J. Crasset, soc. Jesu.) — au Docteur plein de toutes les vraies lumières, (Gaspard évêque de Lerida.) — à la plus grande Lumière de la France et de l'Église,ainsi que le nommaient ses contemporains, (P. A. Possoz, soc. Jesu.) — au Docteur extrèmement remarquable entre tous les autres Docteurs par sa grande piété, (Godescalt, Théolog. de Louvain.) — à l'Homme très-grand et très-saint, (Bossuet.) — à Celui dont l'âme fut si céleste, si pure et si candide, (L'abbé Sauceret.) — à l'Ornement de son siècle, (P. de S. Romuald, Camald.) — au Docteur très-chrétien et Théologien très-éminent, plein de l'esprit de Jésus-Christ, (Edit. de Gerson, 1518.) — au Docteur solennel dans la sacrée Théologie,(Rituel de l'Église de Rennes, de 1557. Le P. Zaccaria, soc. Jesu.) — à notre Pieux et grand Gerson,(Mgr David, évêque de St-Brieux ; Mgr Gignoux, évêque de Beauvais.) — à Celui qui a laissé à l'Église de si beaux écrits pour enseigner les âges futurs, (Schédel, docteur de Padoue.) — au plus doux de tous les Docteurs, dont le nom est immortel, (P. Mainbourg, soc. Jesu.)— à Celui qui a été honoré comme *Bienheureux* et comme *Saint*,(Id.) — à *Saint Gerson*,(L'Ordinaire de Lyon Mgr de Miolans, archevêque de Toulouse. Exercice de piété, approuvé par Mgr de Loménie de Brienne, évêque de Coutances.) — à Celui qui fut plein d'un ardent amour pour l'Église, (Goschler, chanoine.) — au Défenseur de la vérité,(Mgr Gaume.) — au dévôt,grave et savant Docteur, (P. Poirée,soc. Jesu.)—à cette forte Colonne de l'Église, (P. Tranquille, Capucin.) — à la plus brillante Lumière de l'Église en son temps, dont bien peu attendront la réputation et le mérite, (Benoît XIV. Concile

provinc. de Toulouse, reçu à Rome en 1851,) — à ce Docteur, savant et pieux, (Card. Bellarmin, soc. Jesu.) — à ce
Mur d'airain suscité contre le schisme et pour la consolation du genre humain, (Les Pères de la Comp. de Jésus, *Hist
de l'Église*.) — à ce Théologien très-habile, poëte et orateur insigne en son temps, (Sixte de Sienne.) — à l'un des
trois plus excellents Docteurs Evangéliques, avec l'apôtre saint Paul et le grand saint Denis, (P. Celotti, soc.
Jesu.) — au Docteur d'une célébrité hors ligne, (P. Pe-
teau, soc. Jesu.) — à Celui que tous regardèrent comme le
plus grand Flambeau du monde en son siècle et qui a
reçu *les honneurs d'un culte public*, (P. Th. Raynaud,
soc. Jesu.) — à Celui que la postérité met au rang des
plus grands Docteurs de l'Église, après saint Augustin,
saint Jérôme, saint Jean Damascène, saint Bernard,
saint Thomas et saint Bonaventure, (L'abbé Dalbane,
Mois de S. Jos.) — à Celui dont le nom rappelle l'*Imitation de Jésus-Christ*, (L'abbé Sauceret.) — à l'Oracle de la
première École chrétienne, (L'abbé Receveur.) — à Celui
qui a mérité que son siècle lui attribuât l'*Imitation de
Jésus-Christ*, (Mgr Deplace.) — à Celui qui a eu le mérite
de manier la parole française et d'ouvrir la voie à l'éloquence moderne, (Ch. Gidel.) — à l'humble et doux Génie
de l'auteur de l'*Imitation*, (M. Aimé Vingtrinier.) — à la
Perle de bonté de son siècle, (P. Binet, Soc. Jesu.) — au
grand Docteur, la plus grande Lumière de son siècle,
(M. Hamon, curé de St-Sulpice.) — Au Fléau de l'hérésie
et du schisme, à la Lumière des Conciles ; au Savant
qui a le plus relevé le talent par la modestie, qui a enseveli sa science et sa gloire à Lyon, (L'abbé Darras, *Hist.
de l'Église*.) — au Docteur le plus propre à exterminer
le mystère d'iniquité que préparait l'Antechrist, (P.
Gretser, soc. Jesu.) — à Celui dont la Vie était tellement

innocente, qu'elle défia toujours l'extrème malice de ses
ennemis, (Id.) —à l'illustre Maître, dont les sentences devraient être écrites en caractères d'or, tant elles sont précieuses,(P. Lachel,soc. Jesu.) —à Celui qui a mérité par sa
piété et la nature de ses travaux, de ses savants et onctueux écrits, et de son livre de *l'Imitation*, le titre de
Doctor Christianissimus et Consolatarius, (L'abbé Barbe,
Philosophie.) — à l'Homme fort dévôt et très-ingénieux
dans sa dévotion, (P. Binet, soc. Jesu.) — au Chantre
pieusement inspiré de l'Époux de Marie, (P. Nampon.
soc. Jesu.) — à Celui qui a écrit *Josephina* avec cette
onction qui lui fait attribuer *l'Imitation*, (L'abbé Xav.
Didier.)— à Celui dont les vrais fidèles ne prononcent le
Nom qu'avec un saint respect et une admiration profonde,(L'abbé l'Écuy, sup. Génér. de Prémontré.) — au
Docteur très-chrétien,à la plus grande Lumière de l'Église
et de la France, comme l'appelaient ses contemporains,
(P. Alex. Possoz, soc. Jesu, *Avert. à la Pass.*, de Gerson.)
— à Celui dont de toutes les dissertations publiées pour
lui contester le titre de gloire d'auteur de *l'Imitation*,
pas une n'a entièrement détruit les nombreuses proba-
bilités qui lui sont favorables, (Id. Ibid.) — à l'Évangéliste du saint Cœur de Marie,(Vén. J. Eudes.) — au Saint,
savant et dévôt Gerson, (P. Colonia, soc. Jesu.) —à Celui
qui durant sa vie à Lyon fut écouté comme un prophète,
vénéré comme un Saint,aimé comme une mère,(Mgr Pavy,
Mandem.) — au saint Docteur qui eut un nom immense et
qui enveloppait dans les ombres de son humilité l'éclat
de son génie, (Id.) — à l'Illustre et sublime vieillard,
dont la bouche a dicté des oracles, (Id.) — à l'Homme
d'une nature vraiment angélique,(Id.) — à l'Homme plus
Ange que les Anges,(Lamartine.) — au grand Théologien
qui a défendu en des termes très forts la primauté et la

juridiction des Papes, (Feller.) — au profond Mystique, qui nous a laissé de belles et nobles pensées, bien dignes de l'auteur de l'*Imitation de Jésus-Christ*, (L'abbé Darras, *Hist. de l'Église.*) — au Médiateur courageux pour conjurer les périls de l'Église et de l'État, (Gustave Merlet.) — au plus grand Théologien de notre époque, qui a légué à la postérité le fruit de ses méditations dans un livre dont on a pu dire que c'est le plus beau qu'ait écrit la main d'un mortel, (Mgr Freppel.) — à ce Génie de la Foi et de la Charité chrétienne, (Une approb. épiscopale.) — à Celui qui est mort dans l'exil et la pauvreté, à l'*Imitation de Jésus-Christ*, (L'abbé L'Écui.) — Au *bienheureux Gerson*, intercesseur puissant, à qui on peut recourir dans toutes ses nécessités, (L'abbé L'Écui.) — à ce *Saint* qui a fait souvent ressentir les heureux effets de son intercession auprès de Dieu et dont les miracles ont été vérifiés, constatés, et le culte rendu authentique par l'Archevêque de Lyon, (Id.) — à ce très-saint Docteur, vrai Père de l'Église, et Génie chrétien de premier ordre, (R. P. Boutet, soc. Jesu.) — Enfin, à des milliers d'autres titres non moins beaux, de Papes, Conciles, Cardinaux, Évêques, Saints, Docteurs, Théologiens, Philosophes, Littérateurs, Universitaires, dont nous n'offrons que la plus petite partie ; Titres et autorités que nous pouvons communiquer et indiquer les sources, à qui le désirera.

L'enthousiasme ou l'admiration n'est pas toujours le lot que des petits esprits, comme l'*Union* de Paris, a voulu le faire entendre, dans un long article sur notre *Clé de l'Imitation de Jésus-Christ, Gerson et ses adversaires.* Cette nomenclature d'éloges de tous les âges, de tous les temps, de tous les pays, décernés à notre Bienheureux, par l'élite de la science ou de la sainteté, en est la démonstration la plus palpable.

O saint Docteur en toute science,
O [illegible]
[illegible]
[illegible] que [illegible] et parfait,
O [illegible]
[illegible]
[illegible],
Il p[illegible]
[illegible] me
[illegible]

(Extrait de la [illegible] au Bienheureux Jean
Gerson, [illegible] de Bretagne.)

42

PETITE COURONNE D'ÉLOGES

Décernés au bienheureux Gerson par des Papes, des Conciles, des Cardinaux, des Évêques, des Docteurs de l'Église, des Saints et des Écrivains ecclésiastiques, disposés sous la forme d'invocations pour une Neuvaine privée en l'honneur du Serviteur de Dieu.

PREMIER JOUR.

Seigneur, ayez pitié de nous,
Jésus-Christ, ayez pitié de nous.
Seigneur, ayez pitié de nous.
Jésus-Christ, écoutez-nous.
Jésus-Christ, exaucez-nous.

Père Créateur du monde, qui êtes Dieu, ayez pitié de nous.

Fils Rédempteur du monde, qui êtes Dieu, ayez pitié de nous.

Esprit Sanctificateur du monde, qui êtes Dieu, ayez pitié de nous.

Trinité Sainte, qui êtes un seul Dieu, ayez pitié de nous.

Sainte Marie, Immaculée Vierge, Mère de Dieu, priez pour nous.

Saint Joseph, père nourricier du Sauveur et époux de la Vierge Marie, priez pour nous.

Saint Jean Gerson, priez pour nous.

(François de Rohan, Archev. de Lyon, en 1504.)

Bienheureux Gerson, qui par votre sainte vie aviez une grande autorité auprès du peuple, priez pour nous.

(Vie, en tête de ses Œuv.)

B. Gerson, le plus excellent Docteur de la chrétienté, priez pour nous.

(L'Église assemblée à Constance.)

B. Gerson, plein d'une ardente piété pour Dieu et d'une tendre charité pour les hommes, priez pour nous.

(Actes du Conc. de Constance.)

B. Gerson d'une grande simplicité et innocence de mœurs, priez pour nous.

(Mêmes Actes.)

B. Gerson, qui avez fait la gloire de l'Église, priez pour nous.

(Améd. de Thalare, archev. de Lyon, 1429.)

B. Gerson, d'une doctrine Apostolique, priez pour nous. *(id.)*

B. Gerson, Défenseur de la vérité divine, priez pour nous. *(id.)*

B. Gerson, glorieux Confesseur du Christ, priez pour nous. *(id.)*

B. Gerson, que nous croyons en possession d'un trône brillant de gloire, priez pour nous. *(id.)*

B. Gerson, qui brillez comme un Astre parmi les habitants du Ciel, priez pour nous. *(id.)*

B. Gerson, qui n'avez laissé personne après vous qui ait une valeur semblable à la vôtre, priez pour nous. *(id.)*

B. Gerson, saint Docteur, priez pour nous.

(L'Ordin. de Lyon, 1504.)

B. Gerson, qui avez reçu de tous indistinctement le titre de Docteur très-chrétien, priez pour nous. *(id.)*

B. Gerson, d'une doctrine solide et bien appropriée à chaque état, priez pour nous. *(id.)*

B. Gerson, dont l'intercession n'a fait défaut à personne, priez pour nous. *(id.)*

B. Gerson, vénérable Docteur et maître en la sainte Théologie, priez pour nous.

(Conc. de Paris, 1506, de Clermont, 1507, de Chartres, 1569).

B. Gerson, Docteur très-excellent.

(Conc. de Paris, 1507).

B. Gerson, excellent Père et Docteur, priez pour nous.

(Conc. de Chartres, 1524).

B. Gerson, Docteur très-chrétien et très-résolu, priez pour nous.

(Concile de Beauvais, 1554).

Agneau de Dieu, qui effacez les péchés du monde, pardonnez-nous, Seigneur.

Agneau de Dieu, qui effacez les péchés du monde, exaucez-nous, Seigneur.

Agneau de Dieu, qui effacez les péchés du monde, ayez pitié de nous, Seigneur.

Priez pour nous bienheureux Jean Gerson,

Afin que nous méritions de recevoir l'effet des promesses de Jésus-Christ.

12*

ORAISON

O Dieu qui êtes notre refuge dans nos peines, notre force dans nos faiblesses, notre secours dans les tentations, notre consolation et notre joie dans les afflictions et les pleurs ; accordez à votre peuple, par l'intercession et les mérites de votre bien-aimé Serviteur, le bienheureux Gerson, qu'étant délivré de toute adversité, il ressente les effets de votre miséricorde, par Notre-Seigneur Jésus-Christ, qui vit et règne avec vous en l'unité du Saint-Esprit dans tous les siècles, *Ainsi soit-il.*

ORATIO

Deus nostrum refugium in laboribus, virtus in infirmitatibus, adjutorium in tentationibus, solamen in fletibus ; concede populo tuo, per intercessionem et meritis famuli tui beati Gersoni, ut ab omnia adversitate liberatus, in tua miseratione respiret. Per Christum Dominum Nostrum etc. Amen.

DEUXIÈME JOUR.

Seigneur etc., *comme au premier jour.*

Bienheureux Gerson, placé au rang des Saints, priez pour nous.

(Oper. édit de Bâle, 1508.)

...on, Consolateur pour les personnes de toute condi-
B. Gers... ...our nous.
tion, priez p...

(L'Ordin. de Lyon, 1504).

...rès-sage et très-intègre, priez pour...
B. Gerson, Père ...
nous. (*id.*)

B. Gerson, dont la vie et la doctrine ont été illustrées par des miracles signalés, priez pour nous. (*id.*)

B. Gerson, Docteur très-Chrétien et Consolateur, priez pour nous.

(*Wimph. Pref. à la trad. latine des Serm. franc. de Gers.*)

B. Gerson, Imitateur de Jésus-Christ de volonté et de fait, priez pour nous.

(*Le Chan. Schott. recueil d'éloges de Gers.*)

B. Gerson, qui êtes en possession de l'éternelle béatitude, priez pour nous. (*id.*)

B. Gerson qui, comme un autre Chrysostôme et un autre Athanase, avez souffert l'exil pour avoir rendu témoignage à la vérité, priez pour nous. (*id.*)

B. Gerson, Modèle d'une admirable sainteté, priez pour nous.

(*Le doct. Campan. Epit. dédicat. d'une édit. de Gerson, à l'Arch. de Reims.*)

B. Gerson, qui fûtes vraiment un Docteur solennel, priez pour nous.

(*Le P. Zaccaria, soc. Jesu. Anti Febr.*)

B. Gerson, Père d'un grand nombre, vivants ou morts, priez pour nous.

(*Machet. évêque de Castres, coadj. de Gerson à la Chanc.*)

B. Gerson, qui avez enseigné la meilleure voie pour arriver à Jésus-Christ, priez pour nous. (*id.*)

B. Gerson, Exemplaire parfait, dépeint aux yeux de tous, priez pour nous. (*id.*)

B. Gerson, dont la mémoire est en bénédiction, priez pour nous. (*id.*)

B. Gerson, après votre mort vénéré comme Bienheureux, priez pour nous.

(*Sponde. év. de Pamiers, Contin. des Annal. de Baronius.*)

B. Gerson, dont la Sainteté fut glorifiée par des miracles, priez pour nous. (*id.*)

B. Gerson, réputé Bienheureux et honoré à Lyon du culte des Saints, par les suffrages de tous, priez pour nous.

(*Dussaussay év. de Toul, Martyrol.*)

B. Gerson, Homme très-grand et très-saint, priez pour nous.

(*Bossuet.*)

B. Gerson, pieux Docteur, saint Docteur, priez pour nous. (*id.*)

B. Gerson, intrépide Défenseur de la vérité Catholique, priez pour nous. (*id.*)

B. Gerson, très-saint homme et célèbre Chancelier, qui voulûtes rendre votre dernier soupir au milieu de votre école, entouré de vos enfants, priez pour nous.

(*Le P. Jouvency, soc. Jesu, Ratio discendi et docendi.*)

Agneau de Dieu, etc. *comme au 1er jour.*

TROISIÈME JOUR.

Seigneur, etc. *comme au 1er jour.*

B. Gerson, qui avez déraciné les hérésies dans des temps difficiles, priez pour nous.

(*Bossuet.*)

B. Gerson, d'une vie sainte et d'un style plein d'onction qui vous fait regarder comme auteur de l'*Imitation*, priez pour nous. *(id.)*

B. Gerson, Docteur éclatant de la vraie lumière, priez pour nous.

(Gaspard, évêque de Lerida.)

B. Gerson, qui avez conduit les âmes avec un grand zèle vers la céleste Patrie, priez pour nous.

(Clémangis, sécrét. de Benoît XIII, chan. de Bayeux.)

B. Gerson, Source d'une admirable piété, priez pour nous.

(B. Alex. de Salo. capucin.)

B. Gerson, enflammé d'un zèle divin pour l'édification de la maison de Dieu, priez pour nous.

(B. Denis le chart. du gouv. des év.)

B. Gerson, très-versé dans les divines Écritures, priez pour nous.

(Abbé Trithème, Des écriv. ecclés.)

B. Gerson, Bouclier de la Foi, priez pour nous.

(Le docteur André des Vignes.)

B. Gerson, Prince des théologiens depuis saint Thomas d'Aquin, priez pour nous.

(Jean Sanglaire.)

B. Gerson, Lampe qui éclairez tout l'Univers, priez pour nous.

(Le doct. Merlin, dédic. du Ration. de Durand.)

B. Gerson, le plus Pieux de tous les Docteurs de l'Église, priez pour nous.

(Godescalt. théol. de Louvain, Con. ss. cn.)

B. Gerson, grand Consolateur pour les pécheurs, priez pour nous. (*id.*)

B. Gerson, de la piété et des vertus duquel toute la terre a été illustrée, priez pour nous.

(Le doct. Jean Texter.)

B. Gerson, communément réputé *Saint*, priez pour nous.

(Laster, vie de St Jérôme.)

B. Gerson, grand Astre de l'Église latine, priez pour nous.

(Claude Despence. théol.)

B. Gerson, vénéré comme *Saint* et honoré d'un culte jusqu'à nos jours, priez pour nous.

(Vie, en tête de ses œuv. 1606, 1706.)

B. Gerson, que les plus grands mystiques de notre époque ont proclamé d'une voix unanime le plus pieux des Docteurs et le maître des consolations, priez pour nous.

(L'Abbé Delaunay, Curé de S. Etienne-du-Mont, chan.
de Meaux, Préf. de l'Imit.)

B. Gerson, saint Docteur, Évangéliste du Cœur immaculé de Marie, priez pour nous.

(Le vén. Jean Eudes. Cœur de Marie.)

B. Gerson, Organe de l'Esprit-Saint, priez pour nous.

(R. P. Patrignani, Soc. Jesu, Dévot. à S. Joseph.)

B. Gerson, pieux et dévôt, dévôt et saint, priez pour nous.

(R. P. Surin, soc. Jesu.)

B. Gerson, qui avez soutenu la pureté originelle de la Vierge Marie avec noblesse, avec élévation, en chrétien, en poète, et vous êtes toujours efforcé d'élever au dessus de

toute appréciation humaine cette sublime Création, priez
pour nous.

(*Chéri Pauffin, Gerson, et Réthel.*)

Agneau de Dieu; etc, *comme au 1ᵉʳ jour.*

QUATRIÈME JOUR

Seigneur etc. *comme au 1ᵉʳ jour.*

Bienheureux saint Gerson, priez pour nous.

(*Mendoza, soc. Jesu, sur les Évang. tom. III.*)

B. Gerson, Homme d'une vie très-sainte, priez pour
nous.

(*P. Laster, vie de S. Jérôme.*)

B.Gerson, tout rempli de piété et de l'esprit de Jésus-Christ,
priez pour nous.

(*Oper. Bâle, ann. 1508.*)

B. Gerson, très-doux, très-véridique et très-pur, priez
pour nous. (*id.*)

B. Gerson, dont le Nom est digne d'un éternel honneur,
priez pour nous. (*id.*)

B. Gerson, qui avez quitté les conseils des rois et les conseils de l'Église pour vous faire humble répétiteur de l'Alphabet de la Foi..., et apprendre aux enfants la loi et la
crainte du Seigneur, priez pour nous.

(*Card. Giraud, Mandem. pour le Carême.*)

B. Gerson, extrêmement docte, judicieux et dévot ; qui,
après avoir merveilleusement discouru de l'amour divin,
mourûtes par l'effet de ce saint amour.

(*S. Franc. de Sales, Amour de Dieu.*)

B. Gerson, très-saint homme, priez pour nous.

(*P. Rodriguez, soc. Jesu, Perf. Chrét.*)

B. Gerson, Oracle de l'Église en votre temps, priez pour nous.

(P. Crasset, soc. Jesu, Dévot. à la très Ste Vierge.)

B. Gerson, saint et savant Chancelier de Paris, priez pour nous.

(Id. Ibid. Épithètes répétées aussi dans son traité de l'éducat.)

B. Gerson, Docteur et colonne inébranlable de l'Église, priez pour nous.

(Gérusez, Littérat. franc. XI édit. - Jos. Barbe, cours de Philos.)

B. Gerson, l'un des plus grands Théologiens et d'une autorité considérable, auquel beaucoup croient que nous devons l'*Imitation de Jésus-Christ*, priez pour nous.

(Mgr Dupanloup, Lettres sur les Prophèt.)

B. Gerson, dont le grand pape Benoît XIV s'appropriait les doctrines, priez pour nous. *(id.)*

B. Gerson, âme pure, candide et céleste, priez pour nous.

(L'abbé Sausseret, Culte de la Ste Vierge.)

B. Gerson, Docteur solennel en la sainte Théologie, priez pour nous.

(Rituel de l'Église de Lyon, en 1544 ; de l'Église de Rennes, 1557.)

B. Gerson, d'une très-grande douceur, priez pour nous.

(Le doct. Wimpheling, Prolog, in opera Div. Gerson.)

B. Gerson, docte et saint Chancelier, priez pour nous.

(Le B. J. Jacquinot, Soc. Jesu, Gloires de S. Joseph. Et le R. P. Binet, Soc. Jesu.)

B. Gerson, inflexible dans la défense de la vérité, priez pour nous. (*id.*)

B. Gerson, excellent Défenseur de l'Église catholique, priez pour nous.

(Mgr Pavy, archev. d'Alger, Culte de la Ste. Vierge.)

Bienheureux Jean Gerson, priez pour nous.

(Textuel, M. L'abbé Boissin, Mois de S. Joseph.)

B. Gerson, illustre et saint Chancelier, priez pour nous.

(M. Pupier, Curé de St-Paul, à Lyon.)

B. Gerson, qui avez légué à la postérité le fruit de vos méditations dans un livre le plus beau qu'ait écrit la main d'un mortel, priez pour nous.

(Mgr Freppel, év. d'Angers, Disc. sur la Sorb.)

Agneau de Dieu, etc, *comme au premier jour.*

CINQUIÈME JOUR

Seigneur, etc, *comme au premier jour.*

B. Gerson, saint Docteur, l'un des plus illustres champions de la vérité, qui portent au front la triple auréole de la science, de la sainteté et du génie, priez pour nous.

(M. l'abbé Barthélemy, Hist. du B. Pierre Fourrier.)

B. Gerson, qui vous êtes levé pour venger Dieu, l'Église et la France, et vous êtes acquitté de vos fonctions avec un courage, une énergie et une sagesse au-dessus de tout éloge, priez pour nous.

(M. l'abbé Huot, La Paroisse.)

B. Gerson, qui avez séjourné dans les régions calmes d'un doux mysticisme, et recherché cette solitude où est ravie l'âme quand Dieu parle au cœur de l'homme seul à seul, priez pour nous.

(*Le Doct. Schaeffer, Un prédicat. cath. au XV⁰ siècle.*)

B. Gerson, Docteur de l'Église, priez pour nous.

(*Jacq. March. Confér. Ecclés. III⁰ conf.*)

B. Gerson, dont la vie sublime et sainte se résume dans ces deux mots : *Sursum corda!* et dont le caractère se traduit par cette grande pensée : « Repentez-vous et croyez à l'Évangile, » priez pour nous.

(*Inscript. du tomb. de Gerson.*)

B. Gerson, le plus doux de tous les Docteurs de l'Église, priez pour nous.

(*P. Maimbourg, soc. Jesu. Schisme d'occid.*)

B. Gerson, dont, après votre mort, votre sépulcre fut honoré comme celui d'un Bienheureux, priez pour nous. (*id.*)

B. Gerson, plein d'une force inexprimable pour l'union des fidèles sous un seul Chef, priez pour nous. (*id.*)

B. Gerson, Docteur illustre, savant Docteur, saint Docteur, priez pour nous.

(*Le R. P. Bernardin, capuc. La comm. de Marie.*

B. Gerson, dont on doit lire les écrits comme des lettres qu'un saint enverrait du Ciel, priez pour nous.

(*S. François de Sales, Philotée.*)

B. Gerson, Docteur dévôt, grave et savant, priez pour nous.

(*Le R. P. Poiré, soc. Jesu, Triple cour.*)

B. Gerson, Défenseur de la vérité, priez pour nous.

(Mgr Gaume, catéch. de Persév.)

B. Gerson, qui honoriez d'une façon toute spéciale le bienheureux Joseph, priez pour nous.

(Le Souv. Pont. Benoît XIV, sur les Fêtes.)

B. Gerson, Docteur incomparable, priez pour nous.

(Monseig. Guillon, év. de Maroc. Biblioth. des pères de l'É- glise, tom. XXIV.)

B. Gerson, zélé pour la réforme de l'Église, priez pour nous.

(L'abbé Moréri, Art. Charl. de Gerson.)

B. Gerson, grand Docteur, priez pour nous.

(M. L'abbé Mermier, Mois de S. Joseph.)

B. Gerson, le plus savant, le plus solide, le plus clair et presque le seul recevable des Docteurs mystiques, priez pour nous.

(R. P. J. Chéron, Carme, Éxam. de la Théol. myst.)

B. Gerson, saint Père de l'Église, Lumière du monde et Sel de la terre, priez pour nous.

(R.P. Gautruche, Soc. Jesu, Hist., Sainte.)

B. Gerson, Génie fameux tant par la sainteté que par la doctrine, qui avez écrit de la manière la plus sublime des cinquante propriétés du divin amour dont vous étiez rempli, priez pour nous.

(R. P. Possevin, soc. Jesu, appar. sacro.)

B. Gerson, qui avez fait l'œuvre la plus divine en formant les enfants à la vertu, priez pour nous.

(R. P. Jean Crasset, soc. Jesu, De l'Instr. de la jeunesse.)

Agneau de Dieu, etc. *comme au premier jour.*

SIXIÈME JOUR.

Seigneur, etc. *comme au premier jour.*

Bienheureux Gerson, d'un zèle ardent et d'une grande prudence pour le salut des âmes, priez pour nous.

(S. Ignace de Loyola.)

B. Gerson, qui en votre temps florissiez dans les lettres, la sainteté et les vertus, priez pour nous.

(Montergon, Annales chron. 1413.)

B. Gerson, que la postérité met au rang des plus grands Docteurs de l'Église, après saint Augustin, saint Jérôme, saint Jean Damascène, saint Bernard, saint Thomas et saint Bonaventure, priez pour nous.

(M. l'abbé Dalbanne, Mois de S. Joseph.)

B. Gerson, comme saint Bernard et saint Bonaventure, homme de vrai génie et de doctrine pure, priez pour nous.

(M. le curé de Dozulé, Notice sur l'Église de N. D.)

B. Gerson, dont la bouche était aussi pieuse qu'éloquente, priez pour nous.

(Les pères Binet et Jennesseaux, soc. Jesu, Le Chef
d'Œuvre de Dieu.)

B. Gerson, Auteur de l'*Imitation de Jésus-Christ,* dont les générations ont redit la piété et apprécié les sublimes enseignements, priez pour nous.

(M. L'abbé Gouvenot, trad. du De parvulis.)

B. Gerson, acclamé comme la plus grande Lumière de
l'Église en France, priez pour nous.

(M. L'abbé Sausseret, curé doy. Culte de Marie.)

B. Gerson, dont le Nom rappelle l'*Imitation de Jésus-Christ*,
priez pour nous. *(id.)*

B. Gerson, Humble et dévôt Docteur, priez pour nous.

(Le R. P. Courbeville, Soc. Jesu, Imit. de la Vierge.)

B. Gerson, Lumière et Colonne de l'Eglise, priez pour
nous.

(Le R. P. Amb. Potton des Frères Préch. De la vocation.)

B. Gerson, Docteur grand en doctrine et en piété, priez
pour nous.

(Monseig. de Juigné, Archev. de Paris, Pastor. Paris.)

B. Gerson, qui, après avoir été le Docteur des maîtres
en Israël, vous êtes fait le Docteur des petits enfants, priez
pour nous. *(id.)*

B. Gerson, suscité de Dieu pour réchauffer la charité refroidie dans les cœurs, priez pour nous. *(id.)*

B. Gerson, l'un des trois grands Docteurs Évangéliques
avec saint Paul et saint Denis, priez pour nous.

(Le R. P. Celotti, soc. Jesu, Hiér. Ecclés.)

B. Gerson, que la Providence a suscité et a opposé comme
un mur d'airain contre le schisme, priez pour nous.

(Les pères Berthier, Longueval, etc, soc. Jesu, Hist. de l'Église.)

B. Gerson, le plus saint et le plus intrépide Défenseur
que la France ait fourni à l'Eglise, priez pour nous.

(M. Léon Gautier, Prières à la Vierge.)

B. Gerson, qui avez opposé le traité de l'*Imitation* à l'indifférence religieuse du siècle et même du cloître pour Dieu, priez pour nous.

(*Thomassy, J. Gerson. etc.*)

B. Gerson, qui avez goûté les douceurs mystiques que vous avez répandues à flots dans l'*Imitation de Jésus-Christ*, et qui vous ont fait surnommer le Docteur de la Consolation, priez pour nous. (*id.*)

B. Gerson, l'un des Pères de l'Église, qui aviez établi votre empire et votre royauté dans le monde moral et céleste où vous avez brillé sans égal, priez nous nous. (*id.*)

B. Gerson, qui dans de pieux écrits avez versé à flots les douces larmes de la passion du Christ et de la Vierge affligée, priez pour nous. (*id.*)

B. Gerson, Défenseur le plus éloquent de l'Immaculée Conception de la très-sainte Vierge, priez pour nous. (*id.*)

B. Gerson, grand Docteur de l'Église, dont la bouche a dicté des oracles, dont les écrits sont pleins de philosophie et d'observations marquées au sceau de l'expérience, priez pour nous,

(*Monseig. Pavy, archev. d'Alger, Culte de la Sainte
Vierge. Du Célib. ecclésiast.*)

Agneau de Dieu, etc, *comme au premier jour.*

SEPTIÈME JOUR.

Seigneur etc. *comme au premier jour.*

Bienheureux saint Gerson, priez pour nous.

(*Monseig. Mioland, archev. de Toulouse, d'après M. Vert,
Cause de l'Imitation p. 65.*)

B. Gerson, jusqu'à nos jours reconnu pour Bienheureux et Saint, et dont le culte a enlevé les suffrages de tous, priez pour nous.

(Et. Vernay, Vic. perpét. de S. Paul, à Lyon. Gerson in tumulo gloriosus.)

B. Gerson, qui vous êtes acquis une grande réputation de Science et de Sainteté, priez pour nous.

(Le R. P. Alex. Passoz, soc. Jesu, sur la Pas. de N. S.)

B. Gerson, que vos contemporains ont appelé la plus grande Lumière de la France et de l'Église, priez pour nous. *(id.)*

B. Gerson, dont on retrouve l'esprit, la suavité et l'onction dans le livre de l'*Imitation,* priez pour nous. *(id.)*

B. Gerson, qui désiriez que les chœurs des Anges et les chants de tous les chrétiens célébrassent Saint Joseph, priez pour nous.

(Le R. P. Lambillotte. soc. Jesu, Chants sacrés.)

B. Gerson, qui vous êtes montré plein de zèle pour la réforme de l'Église et avez soutenu ce zèle par les mœurs les plus pures, priez pour nous.

(Calmet, bénédict. Hist. Univ.)

B. Gerson, qui avez mérité que votre siècle vous attribuât l'*Imitation de Jésus-Christ,* priez pour nous.

(Monseig. Deplace, Disc. prononcé à la Conséc. de N. D. de Paris.)

B. Gerson, pieux, dévôt et savant Docteur, priez pour nous.

(Mgr. Gignoux, év. de Beauvais, Mandem.)

B. Gerson, homme aussi saint que savant, grande Voix de l'Église, priez pour nous.

(M. Nyssen, Curé Doy. de Stavelot, Traité sur la danse.)

B. Gerson, plein d'amour pour l'Église, priez pour nous.

(Chan. Goschler. Encyclop. cath.)

B. Gerson, qui vous êtes dégagé de tous les tracas du monde pour défendre la vérité avec plus de liberté, sans craindre le pouvoir des grands, priez pour nous.

(L'auteur des Vies des saints, en deux tom. in folio.)

B. Gerson, qui avez animé les religions d'une piété solide, priez pour nous. (id.)

B. Gerson, qui avez fait voir que le joug de Jésus-Christ est très léger, priez pour nous. (id.)

B. Gerson, qui avez porté vos frères et vos sœurs à se consacrer à Dieu dans la vie religieuse et le célibat, priez pour nous. (id.)

B. Gerson, Docteur généreux et intrépide, à qui l'érudition et la vertu donnèrent une autorité incomparable, priez pour nous. (id.)

B. Gerson, dont les grands travaux pour l'Église et la France furent récompensés par la plus violente persécution et l'exil, priez pour nous. (id.)

B. Gerson, qui avez préféré être réduit à la mendicité plutôt que de trahir les intérêts de Dieu, priez pour nous. (id.)

B. Gerson, qui en souffrant de si dures et si diverses épreuves êtes devenu plus semblable à Jésus-Christ, priez pour nous. (id.)

B. Gerson, dont Dieu a fait éclater la gloire céleste par des miracles nombreux et signalés, priez pour nous. (id.)

Agneau de Dieu, Comme au 1er jour.

HUITIÈME JOUR

Seigneur, etc, *comme au 1er jour.*

Bienheureux Saint Gerson, priez pour nous.

(Le P· Henri Vignier, Exerc. pour appr. à faire l'Orais. Au 12 juillet. — Approuvé par Mgr Léom. de Brienne, év. de Coutances.)

B. Gerson, dont le mysticisme ravit l'âme en extase en l'élevant au ciel, l'unit à Dieu en la transfigurant pour ainsi dire, lui donne une paix, une félicité céleste, priez pour nous.

(Le doct. Schmidt, Essai sur J. Gerson.)

B. Gerson, Fléau de l'hérésie et du schisme, priez pour nous.

(M. L'abbé Darras, Hist. de l'Église.)

B. Gerson, savant peut-être qui avez le plus relevé le talent par la modestie, priez pour nous. *(id.)*

B. Gerson, qui avez enseveli votre science et votre gloire à Lyon, priez pour nous. *(id.)*

B. Gerson, qui avez travaillé à la pacification de l'Église avec cette sage modération qui concilie tous les intérêts, priez pour nous. *(id.)*

B. Gerson, Génie Chrétien de premier Ordre, priez pour nous.

(R. P. Boutet, soc. Jésu.)

B. Gerson, le plus propre à exterminer le mystère d'iniquité que préparait l'Antechrist, priez pour nous.

(R. P. Gretzer, soc. Jesu, Exam. des Esprits, Ch. II.)

B. Gerson, d'une vie tellement innocente qu'elle défiait l'extrême malice de vos ennemis, priez pour nous. (*id.*)

B. Gerson, Saint, dévôt et savant, priez pour nous.

(*R. P. Colonia, soc. Jesu, Hist. de la ville de Lyon.*)

Bienheureux Gerson, consommé en savoir, en piété et en intelligence de la vie spirituelle, priez pour nous.

(*R. P. Saint-Jure, soc. Jesu, L'homme spirit.*)

B. Gerson, qui êtes regardé comme l'un des plus pieux et des plus éminents Théologiens de l'Église, priez pour nous.

(*M. L'abbé Glaire : Dict. des sciences Ecclésiast.*)

B. Gerson, éminent Orateur dont l'ardente parole cherchait à ranimer autour de vous l'esprit chrétien, priez pour nous.

(*Mgr. Freppel, év. d'Angers, Disc. sur l'hist. de l'éloq. sacrée.*)

B. Gerson, le plus grand Théologien de l'époque, priez pour nous. (*id.*)

B. Gerson, illustre Maître dont les sentences devraient être écrites en caractères d'or, tant elles sont précieuses, priez pour nous.

(*R. P. Lachel, soc. Jesu, De l'excell. des doctrines, dans son livre Spongiæ.*)

B. Gerson, fort dévôt et très-ingénieux dans votre dévotion, priez pour nous.

(*R. P. Binet, soc. Jésu, Tableau des div. fav. accord. à S. Joseph.*)

B. Gerson, qui avez possédé à un degré éminent le don d'Oraison et avez admirablement écrit de la contemplation divine, priez pour nous.

(*R. P. Jean Crasset, soc. Jesu, Dévot. à la S. Vierge. Part. II. Tr. 5.*)

B. Gerson,Chantre pieusement inspiré de l'Époux de Marie, priez pour nous.

(R. P. Nampon, soc. Jesu, S. Joseph, préface.)

B. Gerson, Promoteur du culte de saint Joseph que nul n'a plus contribué à propager, priez pour nous. *(id.)*

B. Gerson, qui avez laissé des pages palpitantes d'amour envers le glorieux Époux de la Mère de Dieu, priez pour nous.

(R. P. Alex. Louis de S. Joseph, carme déchaussé, Man. des Enf. du Carmel.)

B. Gerson, à qui tous les écrivains de saint Joseph doivent céder la palme, priez pour nous.

(R. P. Patrignani, soc. Jesu, Dévot. à S. Joseph, liv. 1 ch. 2.)

Agneau de Dieu, etc, *comme au 1er jour.*

NEUVIÈME JOUR

Seigneur, etc. *comme au 1er jour.*

Bienheureux Gerson, grand Docteur, la plus grande lumière de votre siècle, priez pour nous.

(M. Hamon, curé de St Sulpice, Traité de la prédicat.)

B. Gerson, Perle de bonté, priez pour nous.

(Les Pères Binet et Jennesseaux, soc. Jesu, Tableau des div. faveurs accordées à S. Joseph.)

B. Gerson,la première Étoile qui a fait resplendir la gloire de saint Joseph, priez pour nous.

(R. P. Patrignani, soc. Jesu, Dévot. à S. Joseph, édit. auth.)

B. Gerson qui, au-delà de l'humilité et de la contemplation, avouez ne rien savoir, priez pour nous.

(Nourrisson, Physiol. de la pensée hum.)

B. Gerson, homme saint, aussi remarquable par la foi et la piété que par la doctrine, priez pour nous.

(Les nomb. évêques assemblés à Trente pour le trois cent. Anniv. du Conc. général, tenu dans cette ville.)

B. Gerson, grand Docteur, versé dans les voies spirituelles, priez pour nous.

(Mgr. Malou, év. de Bruges, Étud. sur l'Imit. de J. C.)

B. Gerson qui avez montré du zéle pour la défense de la Foi et des bonnes mœurs, priez pour nous. *(id.)*

B. Gerson, qui vous êtes abaissé jusqu'à instruire les petits enfants, et avez excité les autres à cette œuvre de charité et d'humilité, priez pour nous. *(id.)*

B. Gerson, Champion de l'Immaculée Conception, Oracle de l'Église, Auteur présumé de l'*Imitation*, qui avez chanté saint Joseph et fait instituer partout son culte, priez pour nous.

(Aug. Nicolas, La Vierge Marie viv. dans l'Évang. ch. XIX.)

B. Gerson, dont malgré la rage de vos ennemis la réputation est passée intègre et sans tache jusqu'à notre temps, priez pour nous.

(L'abbé L'Écuy, Essai sur Gerson.)

B. Gerson, mort dans l'exil et la pauvreté à l'imitation de Jésus-Christ, priez pour nous. *(id.)*

B. Gerson, tout plongé dans une mer d'amour divin, et qui mourûtes blessé par les flèches de ce divin amour, pour aller dans la Patrie de l'amour... priez pour nous. *(id.)*

(Le vénérable H. M. Boudon, Vive Flam. d'am.
Le Cardin. Bona, Voie pour aller à Dieu)

B. Gerson, un des premiers orateurs de votre pays, habile dans l'art de parler de Dieu, puissant par la doctrine et la force du raisonnement, priez pour nous.

(Mgr. Bourret, év. de Rodez, Essai sur les serm. franc. de Gerson.)

B. Gerson, dont le penchant vous porta toujours à fuir les grandeurs du monde, à aimer la retraite, la vie pénitente, humble et cachée, priez pour nous. *(id.)*

Bienheureux Gerson, dont l'âme brisée par les revers et les angoisses s'était entièrement dégagée de la terre pour ne s'occuper que des espérances de l'avenir, priez pour nous. *(id.)*

B. Gerson, que le zèle portait à descendre pour faire monter les autres, et qui aimiez à vous faire petit pour arriver plus parfaitement à pénétrer dans l'esprit des pauvres et des ignorants, priez pour nous. *(id.)*

B. Gerson, qui aviez toujours des consolations pour la souffrance, des remèdes pour la douleur, priez pour nous. *(id.)*

B. Gerson, qui prêchiez avant tout la pénitence, la vie cachée, la retraite, l'humilité, le dévouement à l'Église et à son Chef visible, et toutes ces vertus intérieures vers lesquelles on s'accorde à reconnaître que votre esprit penchait davantage, priez pour nous. *(id.)*

B. Gerson qui, pour éloigner les guerres extérieures avec les Anglais, les Sarrazins, les Flamands, aviez soin de conseiller la paix, la modération, le respect des traités et la pratique des vertus chrétiennes qui en sont le meilleur garant, priez pour nous. *(id.)*

B. Gerson, représenté avec raison sous la forme d'un pèlerin qui marche vers l'éternité emportant les emblêmes du temps sous votre bras, expressions de votre pensée sur la vanité des choses humaines, et l'ingénieuse interprétation de votre nom, priez pour nous. *(id.)*

B. Gerson, qui avez mérité le surnom de Docteur très-Chrétien et très-Résolu, et qu'on a aussi appelé le docteur de la Consolation et de l'Espérance, priez pour nous. (*id.*)

Agneau de Dieu, etc. *Comme au 1er jour.*

REMARQUES

1r Un homme peut être grand par sa pensée ou par ses œuvres, une de ces conditions fait le grand homme ; celui qui les réunit est grand au superlatif absolu. Gerson est donc très-grand.

2e Tout hommage rendu à vertu et à la sainteté doit, selon le père Ségneri[1], pour atteindre le plus haut degré, être ancien, étendu et excellent. Ces trois conditions se trou · vent supérieurement dans les hommages décernés à la vertu et à la sainteté du Bienheureux Gerson, dont nous n'avons pas offert seulement *la Vingtième partie* de notre si ample Recueil.

3e Nous mettons en défi de citer un Père ou Docteur de l'Église, un saint Canonisé qui ait été aussi universellement, et plus constamment loué pour sa vertu, sa sainteté, sa doctrine et ses mérites que notre saint père Gerson.

PIEUSE INVOCATION DU BIENHEUREUX GERSON A SAINT JOSEPH

O glorieux Joseph ! puissant protecteur de ceux qui vous implorent, nous vous supplions, ayez pitié de vos enfants que vous avez laissés sur cette terre d'exil, et obtenez-nous la grâce de régner un jour à côté de vous dans le ciel *Ainsi soit-il.*

---

[1] Véritable dévot. à Marie, chap. IV.

AVE JOSEPH

DU BIENHEUREUX GERSON

Salut Joseph, fils de David, sanctifié dès le sein de votre mère, i amdes anges, époux virginal de la Mère de Dieu, 1empli de l'Esprit-Saint, gardien du Sauveur, que le Père 1éleste a établi sur sa famille, vous êtes béni entre les hommes fidèles.

Très-saint Joseph, notre Patron et notre consolateur, vous 1ui avez trouvé grâce auprès du Seigneur, ouvrez votre Cœur sur notre misère et secourez-nous dans les nécessités présentes et futures, afin que, par votre puissante intercession, nous parvenions après ce court pélérinage à la gloire éternelle. *Ainsi soit-il.*

AVE JOSEPH

DU BIENHEUREUX JEAN GERSON

Ave Joseph, fili David, ab utero sanctificate, angelorum amice, virginalis Matris Dei sponse, Spiritus Sancti plene, nutritiæ et custos Salvatoris, quem constituit Pater cœlestis super familiam suam : tu benedictus es inter homines fideles.

Sanctissime Joseph, Patrone et consolator noster, qui apud Dominum gratiam invenisti, super miseriam nostram Cor tuum aperi et nobis succurre in necessitatibus præsentibus et futuris, ut per intercessionem tuam potentem, perveniamus post brevem peregrinationem ad perrennem gloriam. Amen.

HYMNE AU BIENHEUREUX GERSON

Rex Christe Gersoni Decus...

O Jésus, Roi et couronne de Gerson, il est votre gloire, et vous êtes la sienne. Faites que nous vous honorions en lui ou plutôt que nous l'honorions en vous.

Puisque c'est vous qui l'avez fait briller dans l'Univers, comme un diamant parmi les autres Docteurs, faites aussi que par ses rares mérites il nous délivre du poids de nos péchés.

Après avoir vécu ici-bas dans la pauvreté et le mépris des méchants, il entre dans le ciel comblé d'honneurs et de richesses; les Anges de ses jeunes disciples viennent au-devant de lui; les peuples applaudissent à son triomphe.

Sa mort est aussi illustre que sa vie, elle est précieuse aux yeux de Dieu et des hommes; ce jour est de joie pour les cœurs pieux, que pour eux aussi il soit un jour de salut.

Gloire soit rendue à la divine Trinité avec le même zèle que saint Gerson l'a louée; et que ce doux protecteur veuille nous fortifier dans la foi de ce mystère par la pratique des bonnes œuvres qui en doivent être inséparables. *Amen!*

FIN

TABLE DES CHAPITRES

TROISIÈME PARTIE

Église au pays natal de Gerson

FIN DE LA TABLE